U0461175

高等职业教育新形态教材

服务礼仪与沟通艺术

FUWU LIYI YU GOUTONG YISHU

◎ 主　编　陈　曦　张菊芳

◎ 副主编　张　勤　张亚丽　朱淑静

　　　　　张　燕　张春艳

重庆大学出版社

内容提要

本书视角新颖,内容翔实,图文并茂,强调理论与实践并重,突出实践导向、岗位任务引领,将礼仪修炼与沟通技能讲解两大板块有机结合,以职业活动为导向,以职业技能为核心,是一本集实用性、技能性、职业性、趣味性和可读性于一体的新形态服务礼仪教材。

本书一共有四大模块,12个项目,33个子任务。模块一"服务与服务礼仪",统一思想,提高认识。模块二"个人职业形象塑造",从仪容仪表仪态全方位讲解礼仪规范和职业形象设计要求。模块三"接待服务礼仪",围绕服务接待流程,重点讲解见面、引领、座次安排和迎送服务过程中的礼仪规范。模块四"服务沟通艺术",重点讲解服务过程中的礼貌用语、基本沟通技巧和咨询投诉应对技巧。

本书可以作为职业教育旅游、酒店、轨道交通、电子商务等服务类专业的专业基础课教材,也可以作为所有对个人表达能力和礼仪修练比较感兴趣的在校大学生的公共通识课教材。

图书在版编目(CIP)数据

服务礼仪与沟通艺术/陈曦,张菊芳主编. -- 重庆:
重庆大学出版社,2025.5. -- ISBN 978-7-5689-4598-1
Ⅰ. D669.6;C912.11
中国国家版本馆 CIP 数据核字第 2025A1V010 号

服务礼仪与沟通艺术

主 编 陈 曦 张菊芳
副主编 张 勤 张亚丽 朱淑静
张 燕 张春艳
策划编辑:顾丽萍

责任编辑:李桂英 版式设计:顾丽萍
责任校对:邹 忌 责任印制:张 策

*

重庆大学出版社出版发行
出版人:陈晓阳
社址:重庆市沙坪坝区大学城西路21号
邮编:401331
电话:(023)88617190 88617185(中小学)
传真:(023)88617186 88617166
网址:http://www.cqup.com.cn
邮箱:fxk@cqup.com.cn(营销中心)
全国新华书店经销
重庆高迪彩色印刷有限公司印刷

*

开本:787mm×1092mm 1/16 印张:13 字数:324 千
2025 年 5 月第 1 版 2025 年 5 月第 1 次印刷
ISBN 978-7-5689-4598-1 定价:39.00 元

前　言

"人无礼则不立,事无礼则不成,国无礼则不宁",礼仪作为人际交往的行为规范,不仅是个人文化修养与道德品质的体现,更关乎组织的形象与社会秩序。有效的沟通是人际关系的重要桥梁,有助于建立信任、理解差异、解决问题。在服务行业中,良好的礼仪与沟通技巧更是提升客户满意度、增强企业竞争力的核心要素。

本书可作为旅游、酒店、轨道交通、电子商务等服务类专业的专业基础课教材,亦适合所有对个人表达能力与礼仪修炼感兴趣的在校大学生作为公共通识课教材。以本教材为依托的"服务礼仪""沟通艺术"精品在线开放课程已在"智慧职教"平台持续开课,学习者可自主学习相关内容。

本书秉持理论与实践并重的原则,以实践为导向,以岗位任务为引领,有机融合沟通技能讲解与礼仪修炼两大板块,为学习者的内外精神面貌注入全新活力。全书具有四大突出特色。

特色1:典型案例导学。为优化教学体验,通过贴切典型的案例引出教学内容,每个章节均设置有教学目标、教学小结、考核及课外阅读板块,构建完整的教学闭环。

特色2:文化拓展助学。为助力学生理解与实践练习,书中结合相关内容插入"知识链接"等拓展模块,以生动形式辅助礼仪教学内容的理解与巩固,对提升教育教学效果具有示范意义。

特色3:课程思政领学。各项目结合主题设置"中华礼仪知识链接"环节,秉持"引古为今"理念,巧妙融入中华礼仪文化,以课程思政引领"慧于中而秀于外"的职业素养培育。

特色4:实操视频引学。各任务配套对应的礼仪教学微课,通过可视化实操引导,着力培养学生的礼仪习惯与服务规范,强化服务意识、训练服务技能、规范服务礼仪,确保学生入职后能以合乎礼仪、自然得体的姿态服务客户,展现良好职业风采。其中,部分教学内容已同步至"智慧职教"平台的精品在线开放课程,方便学习者拓展学习。

本书由襄阳职业技术学院组织编写,具体分工如下:模块一由张菊芳编写;模块二的项目一和项目三由陈曦编写,项目二由江西环境工程职业学院朱淑靖编写;模块三由张亚丽编写;模块四由张勤编写。张燕老师参与配套微课制作,襄阳市南湖宾馆培训部经理张春艳参与实训项目编审。

在编写本书的过程中,参阅了大量相关书籍与资料,在此向有关作者致以诚挚谢意。由于编者水平有限,书中难免存在疏漏与不足,恳请广大读者批评指正。

编　者
2025 年 1 月

目　录

模块一　服务与服务礼仪

模块二　个人职业形象塑造

模块三　接待服务礼仪

模块四　服务沟通艺术

目录

模块一

服务与服务礼仪

项目一

服务意识

引言:21世纪是一个服务经济时代,服务在任何行业都得到了前所未有的重视,服务竞争成为未来企业竞争的一个核心领域。服务质量的好坏是未来成功的关键。服务质量的高低将直接影响企业市场竞争力,即直接影响企业的生存和发展。因此,我们要树立服务沟通意识,顾客需求是服务工作者首先要确立的方向和目标,也是企业经营成功的根本保证。没有顾客的需要就没有社会的需要,满足不了顾客的需要,也就不能满足社会的需要,不能满足顾客的需要,服务组织将无法生存和发展。

【教学目标】

1. 了解服务的内涵和特征。
2. 树立优质服务意识。
3. 掌握服务沟通的原则。

任务一　服务内涵与特征

导学案例

敬语缘何招致不悦

　　一天中午,一位住在某饭店的外国客人到饭店餐厅去吃饭,走出电梯时,站在电梯口的一位女服务员很有礼貌地向客人点点头,并且用英语说:"您好,先生。"客人微笑地回道:"你好,小姐。"当客人走进餐厅后,引位员说出同样的一句话:"您好,先生。"那位客人微笑着点了一下头,没有开口。客人吃好午饭后,顺便到饭店的庭院中去遛遛,当走出内大门时,一位男服务员又是同样的一句话:"您好,先生。"

　　这时客人下意识地只是点了一下头了事。等到客人重新走进内大门时,见到的仍然是那位男服务员,"您好,先生"的声音又传入客人的耳中。此时,这位客人已感到不耐烦了,他默默无语地径直去乘电梯准备回房间休息。恰好在电梯口又碰见那位女服务员,自然又是一成不变的套话:"您好,先生。"客人实在不高兴了,装作没有听见的样子,皱起了眉头,而这位女服务员却丈二和尚摸不着头脑。

　　这位客人在离店时,给饭店总经理写了一封投诉信,信中写道:"……我真不明白你们饭店是怎样培训员工的。在短短的中午时间内,我遇到的几位服务员竟千篇一律地简单重复一句话'您好,先生',难道不会使用其他的语句吗?"

．．．．．．．．．．．．．．．．．．．．．．．．．．．．．．．．．．．．．．

思考: 分析上述案例,请阐述有效沟通的环节有哪些。

一、服务的定义

　　在传统意义上,我们把提供劳动、智力等无形"产品"的过程称为服务。实际上,服务是指通过提供必要的手段和方法,满足接受服务的对象的需求的"过程"。

微课1:话说服务与服务意识

即服务是一个过程,在这个过程中,服务的供应者通过提供任何必要的手段和方法,满足接受服务的对象的需求。

"服务"的英语表达为"Service",有人认为,构成这个词的每一个字母都代表着对服务人员的行为规范的一种要求。

S—Smile(微笑),服务员要对每位顾客提供微笑服务。

E—Excellent(出色),服务员对每一项细微的服务工作都要做得很出色。

R—Ready(准备好),服务员要随时准备好为顾客服务。

V—Inviting(邀请),服务员在每一次服务结束时都要邀请顾客下次再来光临。

C—Creating(创造),服务员要精心创造出使顾客能享受其热情服务的氛围。

E—Eye(眼光),服务员要始终用热情友好的眼光关注顾客,预测顾客需求,及时提供服务,使顾客时刻感到服务员在关心自己。

《质量管理体系——基础和术语》提到,服务通常是无形的,并且是在供方和顾客接触面上至少需要完成一项活动的结果。

服务的目的就是满足顾客的需要。顾客是指接受服务产品的组织或个人。

服务的中心是顾客,服务是针对顾客的需要来说的,这就是服务的基本内涵。这种需要通常包括在服务的技术标准中,或服务的规范中,有时也指顾客的具体需要。顾客的需要既包括在组织内的有关规定中,也包括在服务提供过程中。

服务的条件是必须与顾客接触。这种供方与顾客之间的接触,可以是人员面对面接触,也可以是双方不见面,仅仅依靠货物传递进行间接接触。

服务的内容是供方的一种活动。服务产生于人、机器、设备与顾客之间互动关系的有机联系,并由此形成一定的活动过程,这就是服务。

二、服务的基本特征

服务的生产过程实质上是带有交换性质的服务过程,服务作为一种特定的产品与一般产品相比,具有以下几个特征。

(一)抽象性

服务是一种抽象的概念,它不像实体产品一样可以被直接观察或触摸。服务是通过一系列的行动、过程或技能来提供的,并依赖于服务提供者的能力以及专业知识和技能。

(二)无形性

服务是一种无形的体验,它不同于实体产品,没有具体的形状或形态。服务提供的是一种体验、感受或结果,例如咨询、教育、娱乐、医疗等。

(三)异质性

由于服务提供者的技能、经验、知识和环境等因素的影响,同一类型的服务可能会产生不同的结果和体验。因此,服务的质量和效果可能会因服务提供者、时间、地点和环境等因素的不同而有所差异。

(四)不可分离性

服务提供者和消费者之间的互动是服务体验的重要组成部分。服务提供者需要在提供服务的过程中与消费者进行沟通和交流,以确保服务的顺利实施和达到预期的效果。

（五）不可储存性

服务的生产和消费是同时进行的,一旦服务被提供,它就无法被储存或保留。因此,服务提供者需要在需求高峰期和低谷期进行平衡,以确保服务的稳定供应和满足消费者的需求。

（六）价值判断的主观性

服务的价值是主观的,因为每个人对服务的期望和需求不同,因此,服务提供者需要了解消费者的需求和期望,并提供符合其期望的服务,以提高消费者的满意度和忠诚度。

任务二　优质服务理念

导学案例

一支牙签的故事

有一次,朋友要从沈阳出差至江门,尚未出发便给我致电,让我请他吃饭。"有朋自远方来,不亦乐乎",于是我在曾经为他们进行过培训且较为熟悉的一家四星级酒店订了房间。朋友是北方人,不太喜欢清淡口味,所以我便点了些味道较重的菜肴。这些菜里搭配了不少蒜,吃完后满口都是蒜味,朋友边吃还边跟我讲,等会儿他还要去见客户,吃完饭得去买口香糖来遮盖嘴里的味道。我朝他微微一笑,叫服务员拿几包牙签过来放置在他面前。饭后,他下意识地去拿出一根牙签别牙,还说怎么这牙签放嘴里有凉凉的感觉。我便拿出一包拆开给他看,一包里面有两根牙签,一根在牙签前端包裹了一层薄荷糖衣,而另一根则没有。他觉得很有意思,这家酒店对顾客考虑得极为周全,还说在他们那边没见到酒店有这样的牙签,临走时他还多拿了几包。后来,在他出差的这几日里,他的客户请他吃饭,他都指明要去那家酒店。仅仅一支小小的牙签,就为那家酒店带来了好几笔生意。

⋯⋯⋯⋯⋯⋯⋯⋯⋯⋯⋯⋯⋯⋯⋯⋯⋯⋯⋯⋯⋯⋯⋯

分析:从顾客的角度出发,为顾客着想,哪怕是一支小小的牙签都可以赢得顾客的好感。

一、优质服务的定义

在当今竞争激烈的商业环境中,提供优质的客户服务是企业成功的关键之一。一般理解是"规范服务+超常服务=优质服务",优质服务是在规范服务的基础上有超乎常规的表现规范化的服务,而超常服务则是在完成规范服务的基础上,使自己的服务效率更高或者增加一些规范服务中所没有涉及的、根据特定情况所额外提供的服务内容。

二、优质服务的内容

优质的顾客服务源自顾客对服务的期望与要求。良好的态度、问题的解决、个性化的服务,这些都是顾客对服务的期望,如果服务人员能够满足顾客的这些期望,那么,所提供的服务就是优质的服务。因此,做到优质服务,服务人员需要具备以下几点。

（一）热情周到的态度

优质服务首先是态度问题,就是要求对顾客热情、尊重和关注,这是优质服务中最重要的内涵。假设顾客对服务中的某些事有抱怨,服务人员对顾客不理不睬或者出言不逊,恐怕会招致更大的抱怨或者投诉。到目前为止,顾客对服务行业投诉最多的依然是服务态度问题。因此,优质服务首先要求服务人员能够始终如一地对顾客热情、尊重和关注。

（二）高效解决问题的能力

服务人员解决顾客提出问题的能力是优质服务的根本。要做到优质服务,服务人员应主动帮助顾客解决问题,因为顾客不仅希望服务人员有很好的服务态度,更希望问题能得到解决。因此,才会有顾客在投诉时这样说:"你光说'对不起'有什么用? 你现在先告诉我怎样解决我的这个问题。"每个服务人员都要记住:在优质服务的表现中,帮助顾客解决问题永远是第一位的。

（三）始终以顾客为中心

有时顾客利益会与企业的利益发生冲突,或者顾客提出一些看似不太合理的要求,这是考验服务人员的服务观念——是不是能够始终以顾客为中心,是不是始终关注顾客的心情,理解顾客的需求,这是非常重要的。始终以顾客为中心,不能只是喊口号,或者只是贴在墙上的服务宗旨,而应该是一种行动,应该是带给顾客的一种感受。

设身处地为顾客着想是做到始终以顾客为中心的前提。作为一名服务人员,能够经常进行换位思考是非常重要的。在服务过程中,你是否作为顾客的帮助者出现,这是衡量你的服务是否优质的关键。顾客需要帮助时,如果你能够设身处地为顾客着想,站在顾客的角度去思考,并给他提供解决问题的方案,这样为顾客提供的服务才是优质服务。

（四）良好的沟通技巧

良好的沟通技巧是提供优质服务的必要条件。良好的沟通能力可以帮助服务提供者更好地理解客户的需求和期望。通过清晰、准确的语言交流,服务提供者可以更好地了解客户的问题、需求和关注点,从而提供更符合客户需求的服务。友好的沟通态度、专业的语言表述和有效的反馈机制可以帮助客户感受到服务提供者的专业性和可靠性,从而增强客户对服务提供者的信任感。同时,通过沟通,服务提供者可以更快地理解客户需求,更快地解决问题,从而节省客户的时间和精力。这些都有助于提高客户的满意度和忠诚度,从而为服务提供者创造持久的商业价值。

（五）稳定的优质服务水平

让顾客感受到一名服务人员的良好服务并不难,而想让顾客在整个服务过程中都能够感受到每一位服务人员的热情服务就很难了。特别是在顾客需求发生波动时,服务人员在超负荷的压力下很难持续保持高昂的工作状态和热情的笑容。让顾客每次都能感受到同样好的服务,正是优质服务所追求的目标。持续提供优质的服务,这是整个顾客服务过程中最难获得的一种能力,而服务的标准化、一致性是持续提供优质服务的根本保证。

（六）提供个性化服务

顾客在接受服务时,有着各自不同的期望值,他们对服务的要求也是不同的。如果服务人员针对不同的顾客提供相同的服务,顾客就不会满意。现在顾客需要的是个性化的服务,顾客总是希望自己得到特殊的对待。所以,服务人员在为顾客提供服务之前,要准确地了解对方的需求,然后给予对方最适合的服务。

> **案例赏析**
>
> ### 细节的重要性
>
> 一家酒店的大堂有幼儿托付服务处,问过服务生才知道原因,原来有些宾客需要买东西,或者去办点事情,酒店要临时帮忙照顾小孩,因此就多了这项服务。在一家国际品牌酒店里,看到吸烟区的烟灰缸底有一层薄薄的咖啡沫,服务生说其功用有二:一是咖啡沫有香味,可以提神;二是能够吸附烟灰,不会像一般酒店里那样,满桌子的烟灰。
>
> ┄┄┄┄┄┄┄┄┄┄┄┄┄┄┄┄┄┄┄┄┄┄┄┄┄┄┄┄┄┄┄┄┄┄
>
> **点评**:一切方便于客户,一切服务于客户。有些小事可能顾客并不在乎,有些需求可能连顾客本人都没有意识到,但如果服务人员能够洞悉这些需求并满足顾客,最大限度地推出更多更好的"细节服务",用真诚来打动顾客,赢得顾客的认同,那么,结果必然是共赢。服务体现于细节,细节展示形象。不仅仅是服务工作,做任何事情,只要用"心"去做,看似不经意的一点小事,也可能会带来意外的大收获。

三、优质服务理念

优质服务是企业长期发展和客户满意的关键。为了提供卓越的服务体验,服务人员需具备以下优质服务理念。

（一）客户至上

客户是我们服务的核心,我们要始终坚持客户至上的原则,将客户需求和反馈置于首位,以提供优质、高效、专业的服务为目标,确保客户满意度的不断提升。

（二）服务为先

要始终坚持服务为先的理念,以服务赢得客户、以服务推动发展。要不断提升服务品质,优化服务流程,使客户在接受服务的过程中感受到我们的用心和关怀。

（三）质量为王

质量是衡量服务水平的重要标准,要始终坚持质量为王的理念。要不断完善质量管理体系,确保服务质量的稳定和提升。同时,要将客户需求和质量标准融入产品或服务的研发、设计和实施过程中,以实现客户价值的最大化。

（四）诚信为本

诚信是服务的基石,要始终坚持诚信为本的原则。要遵守职业道德和规范,以诚实、公正的态度对待每一位客户,不欺骗、不误导,让客户充分了解服务内容和质量。

（五）持续改进

要始终坚持持续改进的理念,以不断提升服务质量和效率为目标。要不断分析客户需求和服务过程,寻找改进的空间和方法。通过不断学习和实践,不断完善服务体系和提升服务能力。

(六)团队合作

团队合作是实现优质服务的保障。要积极营造团结、协作的工作氛围,鼓励员工之间的交流和合作。通过团队成员之间的相互支持、相互配合,实现服务的高效运作。

总之,优质服务是企业赢得客户信任和忠诚度的关键。树立优质服务理念才能够为顾客提供出色的客户体验,为企业树立良好的形象。

任务三　服务沟通原则

导学案例

难道这就是五星级的服务

在一天上午,某公司在一家五星级酒店的多功能会议厅举行会议。在此期间,该公司的职员李小姐来到商务中心发送传真。当传真发送完毕,李小姐向服务员提出借打一个电话给总公司,以便询问传真稿件是否清晰。

商务中心的服务员告知李小姐:"这里没有外线电话可用。"李小姐听后,满脸不悦地反问道:"若没有外线电话,那稿件又是如何传真出去的呢?"服务员回应道:"我们的外线电话并不提供免费服务。"李小姐颇有些生气地说道:"我已经预先支付了20元的传真费。"服务员却称:"我收取了您的传真费,但并未收取您的电话费啊!况且您的传真费也是不足的。"

李小姐说道:"啊,竟然还不够?那您究竟要收取多少?麻烦开个收据让我看一看。"服务员回答:"我们传真收费的标准为:市内10元/页,服务费5元,3分钟通话费2元。您传真了两页,应当收取27元。"紧接着,服务员迅速开具了发传真和打电话的费用的收据。

李小姐问道:"传真收费和电话收费究竟是依据什么规定?"服务员不假思索地回答:"这是我们酒店的规定。"李小姐坚持道:"烦请您出示相关的书面规定。"服务员显得不耐烦,回应说:"这不就是价目表嘛。"李小姐忍不住质问道:"您这是什么态度?"服务员竟反唇相讥:"您的态度也未见得比我好啊!"李小姐气愤至极,付完钱便匆匆离开了。她在心里暗自思忖:所谓的五星级服务,难道就是这样的吗?

点评:本案例中的服务员不具备一名合格商务人员的基本素质。接待服务工作是一门综合艺术,是非常讲究服务沟通技巧的。要提高服务质量,就要求服务人员必须接受专业的训练,才能使他们无愧于五星级的标志。

在提供服务的过程中,有效的沟通是至关重要的。以下是一些服务沟通中应遵循的原则。

一、尊重原则

尊重是建立良好关系的基础。无论面对什么样的客户或合作伙伴,都应该尊重他们的观点、需求和感受,使用得体的语言和礼貌的态度,避免使用冒犯性或侮辱性的言辞。

二、清晰原则

在沟通时,应使用简洁明了的语言,避免使用复杂的行话或专业术语,确保信息清晰明确,避免产生歧义。同时,对重要的信息进行适当的重复和确认,以确保对方理解。

三、准确原则

准确传达信息是沟通的核心。确保所提供的信息、数据和意见是准确无误的。在可能的情况下,进行核实和校对,以避免因信息错误而引起误解或损失。

四、礼貌原则

礼貌待人是优质服务的基石。在沟通中使用礼貌的语言和语气,避免使用粗鲁或冒犯性的言辞。对客户的请求和问题给予耐心和细致的回应,以建立良好的关系。

五、主动原则

主动沟通是解决问题的关键。在遇到问题时,应主动与客户或合作伙伴进行沟通,寻求解决方案。在可能的情况下,提供建设性的建议和支持,以帮助对方解决问题。

六、真诚原则

真诚是建立信任的基石。在沟通过程中,始终保持真诚和透明的态度,不对客户隐瞒任何信息或事实,确保信息的真实性和完整性。

七、理解原则

理解客户的需要和期望是提供优质服务的关键。在沟通中,积极倾听客户的意见和反馈,并努力理解他们的观点和需求。通过深入了解客户的需求,能够更好地满足他们的期望。

八、耐心原则

耐心是优质服务的体现。在面对客户的疑问、投诉或困难时,应保持耐心并给予细致的回应。努力解答客户的问题,并尽可能地满足他们的需求。

九、保密原则

保密是建立信任的重要因素。对于涉及客户隐私的信息或数据,应严格保密并遵守相关法律法规,避免未经授权泄露客户的个人信息或商业机密。

十、用户至上原则

以客户为中心的服务理念是我们服务的核心。无论在任何情况下，始终将客户的需求和利益放在首位。通过优质的服务满足客户的需求并超越他们的期望，从而赢得客户的信任和忠诚度。

总之，在服务沟通中遵循以上原则，有助于建立良好的客户关系、提升服务质量并增强客户满意度，能够为客户提供更加专业、高效和贴心的服务体验。

项目小结

一个真诚的微笑、一个善意的提醒、一个小小的举动，都足以拨动客户的心弦，给客户留下难忘的美好感觉。服务体现于细节，它就像是一棵植入对方心田的小苗，会发芽、成长。当我们用心去做时，这些"细枝末节"一定会为我们赢得良好的口碑，它为我们所带来的不仅仅是一个品牌，更是一种效益。

中华礼仪知识链接

韩信报恩

汉朝的开国功臣韩信，年幼时家里很穷，常常衣食无着。他跟哥哥嫂嫂住在一起，靠吃剩饭剩菜过日子。韩信白天帮哥哥干活，晚上刻苦读书，刻薄的嫂嫂非常讨厌他读书，认为读书耗费了灯油，又没有用处。于是韩信流落街头，过着衣不蔽体、食不果腹的生活。有一位当浆洗工的老婆婆很同情韩信，支持他读书，还每天给他饭吃。面对老婆婆的关心，韩信很感激，他对老婆婆说："我长大了一定要报答你。"老婆婆笑着说："等你长大了我就入土了。"后来，韩信成为著名的将领，被刘邦封为楚王，他仍然惦记着这位曾经给他帮助的老婆婆。他派人打听，找到这位老婆婆，不但经常派人给这位老婆婆送去各种物品，而且还特意回家乡看望，并送给她一千两黄金以示报答。

赏析：韩信信守诺言，对曾给予他一饭之恩的老婆婆赐予千金以作回报，知恩图报之举，成就了一段千古流传的佳话。

复习与思考

1. 服务的目的是什么？
2. 简述服务的特征。
3. 什么是优质服务？优质服务理念有哪些？
4. 服务沟通应遵循哪些原则？

项目二

服务礼仪

引言:随着科技的进步以及信息的高度发达,企业的技术、产品还有营销策略等都极易被竞争对手效仿,然而企业文化和员工呈现的服务意识,却是无法被模仿的。在当今社会,商品之间的竞争实质就是服务的竞争。服务礼仪是服务行业人员必备的素质和基本条件。注重服务礼仪可以提升服务人员的个人素养和自身的职业竞争力,进而提升企业的竞争力,塑造和维护企业的整体形象,从而给企业带来更多的社会效益和经济利益。

【教学目标】

1. 了解礼仪的内涵和重要性。
2. 了解服务礼仪的特点和基本原则。

任务一　礼仪内涵与特征

微课2:礼仪的
概念和内涵

导学案例

女士优先如何体现

在一个秋高气爽的日子,新上岗的迎宾员刘芳身着新制服,首次独立上岗。一辆白色高级轿车朝饭店驶来,司机熟练且准确地将车停靠在饭店豪华大转门的雨棚下。刘芳看到后排坐着两位男士,前排副驾驶座上坐着一位身材较高的女宾。刘芳即刻上前,以优雅的姿态和职业性的动作,先为后排顾客打开车门并做好护顶,关好车门后,接着刘芳迅速走向前门,准备依样迎接那位女宾下车。然而,此时那位女宾已经满脸不悦地自行下车了……不久,刘芳被大堂经理拉到一旁批评了一顿。

....

点评: 刘芳的错误在于没有先为前排的女宾开车门。在乘车礼仪中,通常应先为前排的重要客人或女性客人服务。这位女性客人之所以不悦,正是因为刘芳没有遵循正确的服务顺序,让她感到没有受到应有的尊重和重视。

一、礼仪的定义

礼仪是社会发展的产物,是在人类长期的社会实践活动中逐步形成、发展和完善起来的。礼仪与社会的生产关系有着极为密切的联系。中华民族自古就有"礼仪之邦"的美誉,源远流长的礼仪是祖先留给我们的一笔宝贵财富,讲"礼"重"仪"和善待他人是中华民族世代相传的美誉。

《诗经》曰:"为宾为客,献酬交错,礼仪卒度。"《说文解字》道:"仪,度也。"在《诗经》和《周礼》中,"礼仪"特指典章制度和法则规范。"仪"还有仪表、仪容之意。如《诗·大雅·丞民》云:"令仪令色,小心翼翼。"《晋书·温峤传》曰:"风仪秀整,美于谈论。"《辞源》道:"礼仪,乃行礼之仪式也。"可见,礼仪还有礼节和仪式之意,是人们交往过程中人的外在表现的形式与规则的总和。

礼仪作为人类历史发展中逐渐形成并积淀下来的一种文化,始终以某种精神的约束力支配着人的行为。礼是一个抽象的概念,它的本义是"敬神"。礼经中国几千年历史的浸润和熏染,其含义在不断地演变。时至今日,礼已经深入到人类的日常生活和社会活动之中,引申为表示人与人之间、组织与组织之间或国与国之间的友好和敬意。因此,礼是指人们在长期的生活实践中约定俗成的行为规范与准则。

礼仪是人类进步的标志,是适应时代发展、促进个人进步和成功的重要途径。在礼学体系,礼仪是有形的,存在于社会的一切交往中,其基本形式受历史传统、风俗习惯、宗教信仰、时代潮流等因素的影响。

二、礼仪的内涵

礼仪实际上是由一系列具体的、表现礼貌的礼节所构成的系统。它在层次上要高于礼貌、礼节,其内涵更深、更广。礼的核心是礼貌,礼的形式是礼节,礼的规范是礼仪。

礼貌是指人们在交往过程中表示敬重、谦虚、恭敬、友好的行为规范,它体现了一个人的基本品质。礼貌的外部表现主要是仪表仪容适度修饰、姿态举止端庄得体、态度亲切和蔼、说话文明谦虚恭敬、待人接物彬彬有礼,如尊老爱幼、热情待客等。

礼节是指人们在日常生活和交际过程中表示问候、致意、致谢等的惯用形式或具体规定,是礼貌的具体表现方式,如熟人路遇相互打招呼、宾主见面相互握手、逢年过节相互拜访、亲朋好友遇喜事送礼物、宴会中相互敬酒、对遇病痛灾难的人进行慰问等。

礼仪是指人们在社会交往中受历史传统、风俗习惯、时代潮流等因素的影响而形成,以建立和谐关系为目的,为人们共同遵守和认同的符合礼之精神和要求的各种行为准则或规范的总和。在礼学体系中,与礼貌和礼节相比,礼仪的内涵要深一些,主要有以下几点:

(1)礼仪是一种行为准则或规范。它是一种程序,表现为一定的章法,如果你要进入某一地域,你就要对那里的习俗、行为规范有所了解,只有遵守这种习俗和规范,才能融入当地的环境。

(2)礼仪是一定社会关系中人们约定俗成、共同认可的行为规范。在人们的交往活动中,礼仪首先表现为一些不成文的规矩、习惯,然后才逐渐上升为大家认可的,可以用语言、文字、动作进行准确描述和规定的行为准则,并成为人们有章可循、可以自觉学习和遵守的行为规范。

(3)礼仪是一种情感互动的过程。在礼仪的实施过程中,既有施礼者的控制行为,也有受礼者的反馈行为,即礼是施礼者与受礼者互相尊重、情感互动的过程。

(4)礼仪的目的是实现社会交往各方面的互相尊重,从而达到人与人之间关系的和谐。在现代社会,礼仪可以有效地展现施礼者和受礼者的教养、风度与魅力,它体现着一个人对他人和社会的认知水平、尊重程度,是一个人的学识、修养和价值的外在表现。只有在互相尊重的环境中,人与人之间的和谐关系才能建立并逐步发展。

从礼仪的内涵来看,它可以分为三个层次:礼貌、道德和文化。

第一层次是礼貌,它强调公民彼此之间的礼貌行为。一个礼貌的公民应具备面对面交流的能力,如和蔼地微笑,恭敬地和老师、朋友说话,尊重别人的观点等。正确的礼仪行为有助于增进人际关系,让彼此间更加安全和谐。

第二层次是道德,它是礼仪的根本层面。一个具有良好道德的公民应该具备基本的道德准则,如履行义务、尊重他人的权利、保护他人的利益、不妄语伤人等。正是这些道德准则让我们在社会上更加有序和稳定,同时也推动社会的文明发展。

第三层次是文化,它倡导公民积极参与各种传统仪式和习俗。当我们面对不同的文化背景时,应当充分尊重他人的文化,适当参与一些当地文化仪式,可以更好地展现个人的文化素养和精神修养。

总之,礼仪是一种尊重他人的态度,在社会中是非常重要的。正确的礼仪行为不仅有利于增进彼此的良好关系,还有助于构建一个和谐的社会。我们都应该履行本职义务,不断加强自身的礼仪文化。只有学习和践行礼仪,我们才能够获得更多的尊重。只有尊重他人,我们的社会才能改善,实现真正的文明发展。

中华礼仪拓展

孟子休妻

有一次,孟子的妻子在房间里休息,因为是独自一个人,她便无所顾忌地将两腿叉开坐着。这时,孟子推门进去,一看见妻子这样坐着,非常生气。原来,古人称这种双腿向前叉开坐为箕踞,箕踞向人是非常不礼貌的。孟子一声不吭就走出去,看到孟母,便说:"我要休妻。"孟母问他:"这是为什么?"孟子说:"她既不懂礼貌,又没有仪态。"孟母又问:"因为什么而认为她没礼貌呢?""她双腿叉开坐着,箕踞向人,"孟子回道,"所以要休她。""那你又是如何知道的呢?"孟母问。孟子便把刚才的一幕说给孟母听,孟母听完后说:"那么没礼貌的人应该是你,而不是你妻子。难道你忘了《礼记》上是怎么教人的?进屋前,要先问一下里面是谁;上厅堂时,要高声说话;为避免看见别人的隐私,进房后,眼睛应向下看。你想想,卧室是休息的地方,你不出声、不低头就闯了进去,已经先失了礼,怎么能责备别人没礼貌呢?没礼貌的人是你自己呀!"一席话说得孟子心服口服,再也没提休妻的话了。

··

点评:不管在哪里,都要知礼、懂礼,而且要习礼、用礼。

三、礼仪的特征

礼仪作为人们在相互交往中的行为规范和准则,要求人们据此来规范和约束自己的行为,制约和协调人际间的相互关系。它以科学精神、民族思想和现实生活为基础,以新颖、实用、简单和灵活的形式体现出高效率、快节奏的时代特点。这主要表现在规范性、多样性、传承性、差异性、平等性和发展性等六个方面。

(一)规范性

礼仪是一种规范,礼仪规范的形成不是人们抽象思维的结果,而是对人们在社会交往实践中所形成的一定礼仪关系的概括和反映。

规范性约束着人们在一切交际场合的言谈和行为举止。合乎礼仪，是人们在一切交际场合采用的一种"通用语言"，是衡量、判断是否自律、敬人的一种尺度。

（二）多样性

礼仪作为一种行为规范，涉及社会生活的各个方面，因此具有多样性的特点。不同职业、不同生活领域的人需要遵循不同的礼仪规范，因此，不管在内容上，还是形式上，礼仪都是丰富多样的。

（三）传承性

人们交际活动中的行为习惯以准则的形式固定下来，这种固化程式随着时间的推移沿袭下来，从而形成种种行为规范。每一个民族的礼仪文化，都是在本民族固有传统文化的基础上，通过不断吸收其他民族的礼仪文化而发展起来的，人们对待流传下来的礼仪规范应采取"取其精华，去其糟粕"的态度。

（四）差异性

礼仪是在各种社会实践中逐渐沉淀下来的文化遗产，所以对于礼仪的具体运用，会因时间、地点等现实条件的不同而呈现出一定的差异性。另外，同一种礼仪形式，在不同的场合，针对不同的对象，会有细微的差别。如同样的一句话，对于北方人来说可能觉得是笑话，对于南方人来说，则可能会令彼此尴尬。因为礼仪存在这些差别，所以就要求人们在社交活动中，尽可能多地熟悉和掌握社交礼仪，熟练地运用礼仪规范来展示自己的风采，使自己在社交场合中保持良好的形象，促进社会交往的成功。

（五）平等性

现代社会不论是个人之间、集体之间或国家之间，都应当一律平等。违背了平等、尊重的原则，也就违背了现代礼仪的基本准则。

虽然不同身份、不同地位的人在礼宾待遇方面有不同的等级规定，但这种规定并不意味着尊卑贵贱，而是服从现代礼仪社会控制体系和正常交往秩序的体现，是工作需要和礼仪需要相互融合统一的结果，人与人之间的本质并没有改变。

（六）发展性

在人类社会的演进历程中，礼仪并非一成不变，而是随着时代的变迁、社会的进步以及人们观念的更新而不断发展演变。从原始社会简单的肢体动作和声音交流，到封建社会烦琐的等级礼仪制度，再到现代社会更加注重平等、尊重和自由的礼仪规范，礼仪的内容和形式都发生了巨大的变化。

这种发展性源于社会结构的调整、经济模式的转变、文化交流的频繁以及科技的创新等多种因素。例如，信息技术的飞速发展使网络礼仪应运而生，人们在虚拟空间中的交流也需要遵循一定的规范和准则。

同时，不同国家和地区之间的交流日益密切，促使礼仪在保持自身特色的基础上，相互借鉴融合，形成了更具包容性和普适性的国际礼仪标准。

总之，礼仪的发展性使其能够适应社会的变化，不断满足人们在交往中的需求，更好地促进人际关系的和谐与社会的文明进步。

四、礼仪的功能

（一）教育功能

礼仪是人类社会进步的产物，是传统文化的重要组成部分。礼仪蕴含着丰富的文化内涵，体现着社会的要求与时代精神。礼仪通过评价、劝阻、示范等教育形式纠正人们不正确的行为习惯，指导人们按礼仪规范的要求去协调人际关系，维护社会正常生活。

（二）沟通功能

礼仪行为是一种信息性很强的行为，每一种礼仪行为都表达一种甚至多种信息。在人际交往中，交往双方只有按照礼仪的要求，才能更有效地向交往对象表达自己的尊敬、敬佩、善意和友好，人际交往才可以顺利进行和延续。热情的问候、友善的目光、亲切的微笑、文雅的谈吐、得体的举止等，能唤起人们的沟通欲望，彼此建立起好感和信任，而且可以促成交流的成功，进而有助于事业的发展。

（三）协调功能

在人际交往中不论体现的是何种关系，维系人际之间沟通与交往的礼仪，都承担着十分重要的"润滑剂"作用。礼仪的原则和规范，约束着人们的动机，指导着人们立身处世的行为方式。如果交往的双方都能够按照礼仪的规范约束自己的言行，不仅可以避免某些不必要的感情对立与矛盾冲突，还有助于建立和加强人与人之间相互尊重、友好合作的新型关系，使人际关系更加和谐，社会秩序更加有序。

礼仪讲究和谐，重视内在美和外在美的统一。礼仪在行为美学方面指导着人们不断地充实和完善自我，并潜移默化地熏陶着人们的心灵。人们的谈吐变得越来越文明，装饰打扮变得越来越富有个性，举止仪态越来越优雅，并符合大众的审美原则，体现出时代的特色和精神风貌。

（四）维护功能

礼仪作为社会行为规范，对人们的行为有很强的约束力。在维护社会秩序方面，礼仪起着法律所起不到的作用。社会的发展与稳定，家庭的和谐与安宁，邻里的和谐，同事之间的信任与合作，都依赖于人们共同遵守礼仪的规范与要求。社会上讲礼仪的人越多，社会越和谐稳定。

五、礼仪的原则

（一）真诚尊重原则

真诚是对人对事的一种实事求是的态度，是待人真心诚意、表里如一的友善表现在人际交往中。不自欺，也不欺人，待人真诚会很快得到别人的信任，反之会得到"虚伪""骗子"等有损个人形象的评价，这会造成正常的交往难以继续。真诚是人与人相处的基础，是礼仪的一条重要原则。

每个人在社会交往活动中都应该诚心待人，恪守信用，履行承诺，处处不可失敬于人，不伤害他人的尊严，不侮辱对方的人格。只有真诚地奉献，才能有丰硕的收获；只有真诚地尊重，方能使双方心心相印，友谊地久天长。掌握了这一点，就等于掌握了礼仪的灵魂。

案例赏析

公元前592年,齐国国君齐顷公在朝堂接见来自晋国、鲁国、卫国和曹国的使臣。各国使臣都带来了圣玉、币帛等贵重礼品献给齐顷公。献礼的时候,齐顷公向下一看,只见晋国的使臣是个独眼,鲁国的使臣是个秃头,卫国的使臣是个跛脚,而曹国的使臣则是个驼背,不禁暗自发笑:怎么四国使臣都是有毛病的。

当晚,齐顷公见到母亲萧夫人,便把白天看到的四个人当笑话说给萧夫人听,萧夫人一听便乐了,执意要亲眼见识一下。正好第二天是齐顷公设宴招待各国使臣的日子,于是便答应让萧夫人届时躲在帷帐的后面观看。第二天,当四国使臣的车子一起到达,众人依次入厅时,萧夫人掀开帷帐向外望,一看到四个使臣便忍不住大笑了起来,她的随从也个个笑得前仰后合。笑声惊动了众使者,当他们弄明白原来是齐顷公为了让母亲开心,特意做了这样的安排时,个个怒不可遏,不辞而别。四国使臣约定各自回国请兵伐齐,血洗在齐国所受的耻辱。四年后,四国联合起来讨伐齐国,齐国不敌,大败,齐顷公只得讲和,这便是春秋时著名的"鞌之战"。

......

思考:我们在日常生活中遇到有缺陷的人,有没有给予他们尊重呢?当你在同别人交往的时候,是否遵守着真诚尊重的原则呢?

(二)平等适度原则

在社交场合中,礼仪行为总是表现为双方的,不论哪一方是施礼者,哪一方是受礼者,双方要一视同仁,给予对方同等程度的礼遇,不允许因为交往对象彼此之间在年龄、性别、种族、文化、职业、身份、地位、财富以及与自己的关系亲疏远近等方面有所不同而厚此薄彼、区别对待。平等在交往中表现为不骄狂,不我行我素,不自以为是,不傲视一切,不目中无人。平等是人与人交往时建立情感的基础,是保持良好的人际关系的诀窍。

适度原则是指人们在施行礼仪的过程中,必须在熟悉礼仪规范和准则的基础上,注意各种情况下人际关系的距离,把握与特定环境相适应的人们彼此间的交往尺度,要不卑不亢、落落大方,以建立和保持健康、良好、持久的人际关系。遵循适度原则要求人们在社交场合要感情适度,谈吐适度,举止适度,装扮适度。

(三)自信谦逊原则

自信是指相信自己的想法和力量,认为依靠自己的能力,定能够克服种种困难,达到预定的目标。自信是社交场合很可贵的心理素质,唯有对自己充满信心,才能在交往中不卑不亢、落落大方,遇强者不自惭,遇到磨难不气馁,遇到侮辱敢于挺身反击,遇到弱者会伸出援助之手。自信是一种内在力量,人们越自信,就越有可能建立有益的而不是破坏性的人际关系。

谦逊就是虚心、不自满。谦逊是一种美德,它本身也是一种礼的表现。在社会交往中只有谦逊礼让、不摆架子、不自以为是的人才能使人感到容易接近,才能给人可以信赖、可以合作的印象。

(四)遵守信用原则

礼仪作为行为的规范、处事的准则,反映了人们共同的利益。每个人要知礼、守礼,自我约束,爱护公物,遵守公共秩序,尊老爱幼,坚持正义……在社会生活中时时处处自觉遵守礼仪规范,努力树立良好形象,做一个受大家欢迎的人;谁违背了礼仪规范,自然会受到公众的批评和指责。

信用即讲信誉,在人际交往中要讲真话、遵守诺言、实践诺言。孔子说:"与朋友交,言而有信。"强调的正是守信用的原则。在社交场合,尤其重视守时、守约,所以,如果没有十足的把握就不要轻易许诺他人,许诺他人做不到,反而得到一个不守信的恶名,会永远失信于人。

(五)宽容关怀原则

宽容的原则也即与人为善的原则。所谓宽容,是指心胸宽广、忍耐性强。宽容是一种较高的境界,对不同于自己和传统观点的见解要耐心公正地容忍。要宽容,就要做到将心比心,多容忍他人,多体谅他人,多理解他人,千万不要求全责备,斤斤计较,苛求,咄咄逼人。

案例赏析

目光与人品

有位企业经理讲过这样一件事情:"有一回,我同某销售公司经理共进午餐。每当一位漂亮的女服务员走到我们桌子旁边,他总是目送她走出餐厅。我对此感到很气愤,觉得自己受到了侮辱。我心里暗想,在他看来,女服务员的两条腿比我要对他讲的话更重要。他并没有听我讲话,他简直不把我放在眼里。"

....

思考:当你在同别人交往的时候,是否遵守着真诚尊重的原则?

任务二　服务礼仪的特点与作用

微课3:服务礼　　微课4:铁路客
仪的特点　　　　运服务礼仪

导学案例

细节决定成败

有一位大公司销售经理,到另一家公司洽谈合资业务,洽谈了好几次,最后一次来之前,他曾对朋友说:"这是我最后一次洽谈了,我要跟他们的最高领导谈,谈得好,就可以拍板。"

过了两个星期,他朋友问:"谈成了吗?"他说:"没谈成。"朋友问其原因,他回答:"对方很有诚意,进行得也很好,就是跟我谈判的这个领导坐在我的对面,当他跟我谈判时,不时地抖着他的双腿,我觉得还没有跟他合作,我的财都被他抖掉了。"

....

点评:细节决定成败,古语云坐如钟,洽谈业务是非常正式的场合,端坐是对洽谈者的尊重,抖腿是一种不雅行为,会给人留下怠慢浮躁的不良印象,这个合同可以说是被"抖"掉的。

一、服务礼仪

服务礼仪就是服务人员在工作中,通过言谈、举止、行为等,对客户表示尊重和友好的行为规范。

服务礼仪是体现服务的过程和手段,使无形的服务有形化、规范化、系统化。对于服务人员来说,如何做好服务工作,不仅需要职业技能,更需要懂得服务礼仪规范:热情周到的态度,敏锐的观察能力,良好的口语表达能力,以及灵活、规范的事件处理能力。

二、服务礼仪的特征

服务礼仪是一种必备的专业技能,包括良好的礼貌、语言和行为。此外,它还涉及在客户和服务方之间建立良好的互动关系,以及了解客户的需求等问题。服务礼仪需要具备以下五大特征:

第一,可识别客户需求:服务礼仪应能从客户的话题及态度中发现他们需要什么,以满足他们的需求。

第二,礼貌:服务礼仪标准中最重要的因素之一是遵守礼仪原则,包括允许客户说话来表达他们的观点、尊重他们的观念和意见,以及在必要时保持客户的私人空间不受侵犯。

第三,标准及期望:客户有权对服务质量有一定的期望,服务者在提高服务质量上有义务用心做到最好,满足客户的期望。

第四,诚信:这是公平的服务及解决客户问题的基石,它既要求服务者解释准确可靠的信息,充分说明服务条款,也要求服务者能协调客户之间的关系。

第五,关注行为:这是非常重要的,它包括说话的声音及语气,以及在处理客户服务及整个服务过程中的举止。服务者应该使用较柔和的语气,保持礼貌,解决客户问题时展现出真正的关注。

三、服务礼仪的重要作用

服务礼仪是一种重要的服务技能,它不仅要求服务者采取恰当的行为和态度,还要求服务者有责任感,有可靠的行为准则,以遵守服务及传统礼仪的规范,从而为客户提供优质的服务。

有形、规范、系统的服务礼仪,不仅可以树立服务人员和企业良好的形象,更可以展示服务规范和服务技巧,能让服务人员在和客户交往中赢得理解、好感和信任。所以服务人员学习和运用服务礼仪,已经不仅仅是自身形象的需要,更是提高效益、提升竞争力的需要。

> **案例赏析**
>
> ### 一个枕头的启示
>
> 有一位穿梭于各个城市做生意的"空中飞人",经常入住酒店。他有个习惯,就是睡觉的时候喜欢"高枕无忧",因为酒店的枕头都不高,所以他总是要用另一张床上的枕头垫在自己的枕头下面才能睡得着。有一次入住一家酒店,第一天晚上的"高枕无忧"像往常

一样自己动手。第二天晚上回到酒店的时候,他发现了一个小小的变化:枕头变了,下层是一个普通枕头,上层是一个散发淡淡药香的保健枕头,而且比普通枕头要高。从此以后,他只要到了这个城市,就会入住这家酒店,而且还介绍朋友入住。

分析: 在服务工作中,洞悉并满足客户的需求,带给客户的又何止是这一次的满意和惊喜。

任务三　服务礼仪的基本原则

导学案例

离谱的窗口服务

一位企业家去某地咨询投资事宜,等他赶到该地某局的时候,还有半个多小时就要下班了。但服务大厅里,五个窗口就剩下一个窗口有人——一个年轻的女工作人员正眉飞色舞地煲着电话粥。

他来到这个窗口前面,对那位工作人员连说了三次"您好",没什么反应。差不多十分钟过去了,工作人员终于挂了电话,看见自己的窗口前面站了人,头也不抬地说:"明天再来!""可明天是周六……""那周一再来,还用我教你?"她终于抬起了头,给了个白眼。"我大老远来一趟不容易,而且现在还不到下班时间……""那我容易吗?我还要接孩子、做饭……懒得跟你说。"

"啪"的一声,最后一个窗口也关上了。

思考: 服务人员在上岗期间,能够煲电话粥吗?这位窗口服务人员错在哪?

在服务礼仪中,有一些具有普遍性、共同性、指导性的礼仪规律。这些礼仪规律,即礼仪的原则。掌握礼仪的原则很重要,它是我们学习礼仪和运用礼仪的重要指导思想。

一、尊重的原则

孔子说:"礼者,敬人也。"这是对礼仪的核心思想的高度概括。所谓尊重的原则,就是要求我们在服务过程中,要将对顾客的重视、恭敬、友好放在第一位,这是礼仪的重点与核心。因此在服务过程中,首要的原则就是敬人之心常存,掌握了这一点,就等于掌握了礼仪的灵魂。在人际交往中,只要不失敬人之意,哪怕具体做法一时失当,也容易获得服务对象的谅解。

二、真诚的原则

服务礼仪所讲的真诚原则,就是要求在服务过程中,必须待人以诚,只有如此,才能表达对顾客的尊敬与友好,才会更好地被对方所理解、所接受。与此相反,倘若仅把礼仪作为一种道具和伪装,在具体操作礼仪规范时口是心非、言行不一,则是有悖礼仪的基本宗旨的。

三、宽容的原则

宽容的原则是在服务过程中,既要严于律己,更要宽以待人。要多体谅他人,多理解他人,学会与服务对象进行心理换位,千万不要求全责备,咄咄逼人。这实际上也是尊重对方的一个主要表现。

四、从俗的原则

由于国情、民族、文化背景的不同,在人际交往中,实际上存在着"十里不同风,百里不同俗"的局面。这就要求志愿者在服务工作中,对本国或各国的礼仪文化、礼仪风俗以及宗教禁忌要有全面、准确的了解,才能够在服务过程中得心应手,避免出现差错。

五、适度的原则

适度原则是要求应用礼仪时,为了保证取得成效,必须注意技巧,合乎规范,特别要注意做到把握分寸,认真得体。这是因为凡事过犹不及。假如做得过了头,或者做得不到位,都不能正确地表达自己的自律、敬人之意。

案例赏析

被拒绝的生日蛋糕

有一位先生为一位外国朋友订做生日蛋糕。他来到一家酒店的餐厅,对服务员说:"小姐,您好,我要为我的一位外国朋友订一份生日蛋糕,同时打一份贺卡,你看可以吗?"服务员接过订单一看,忙说:"对不起,请问先生,您的朋友是小姐还是太太?"这位先生也不清楚这位外国朋友结婚没有,从来没有打听过,他为难地抓了抓后脑勺想想说:"小姐?太太? 一大把岁数了,太太。"生日蛋糕做好后,服务员按地址到酒店客房送生日蛋糕,敲门,一女子开门,服务员有礼貌地说:"请问,您是怀特太太吗?"女子愣了愣,不高兴地说:"错了!"服务员丈二和尚摸不着头脑,抬头看看门牌号,再回去打个电话问那位先生,没错,房间号码没错。再敲一遍,开门,"没错,怀特太太,这是您的蛋糕。"那女子大声说:"告诉你错了,这里只有怀特小姐,没有怀特太太。"啪一声,门被大力关上,蛋糕掉地。

....

分析:这个故事就是错误的称呼造成的。在西方,特别是女子,很重视正确的称呼。如果搞错了,会引起对方的不快,往往好事变成坏事。

项目小结

现代服务礼仪是服务人员在现代服务岗位上应严格遵守的行为规范和准则。它是服务人员在服务活动中,用以维护企业或个人形象,对服务对象表示尊重和友好,令服务对象满意的行为规范,是一般礼仪在服务活动中的具体表现。服务人员学习和运用服务礼仪,已不仅仅是自身形象的需要,更是提高经济效益、提升竞争力的必备利器。

中华礼仪故事链接

千里送鹅毛

"千里送鹅毛"的故事发生在唐朝。当时,云南一少数民族的首领为表示对唐王朝的拥戴,派特使缅伯高向唐太宗贡献天鹅。路过沔阳河时,好心的缅伯高把天鹅从笼子里放出来,想给它洗个澡。不料,天鹅展翅飞向高空。缅伯高忙伸手去捉,只扯得几根鹅毛。缅伯高急得顿足捶胸,号啕大哭。随从们劝他说:"已经飞走了,哭也没有用,还是想想补救的方法吧。"缅伯高一想,也只能如此了。到了长安,缅伯高拜见唐太宗,并献上礼物。唐太宗见是一个精致的绸缎小包,便令人打开,一看是几根鹅毛和一首小诗。诗曰:"天鹅贡唐朝,山高路途遥。沔阳河失宝,倒地哭号啕。上复圣天子,可饶缅伯高?礼轻情意重,千里送鹅毛!"唐太宗莫名其妙,缅伯高随即讲出事情原委。唐太宗连声说:"难能可贵! 难能可贵! 千里送鹅毛,礼轻情意重!"

···

分析:这个故事体现了送礼之人诚信的可贵美德。今天,人们用"千里送鹅毛"比喻送出的礼物单薄,但情意却异常浓厚。

复习与思考

1. 简述礼仪的内涵。
2. 辨析礼仪、礼貌、礼节的异同。
3. 服务人员为什么要学习服务礼仪?
4. 践行服务礼仪需要遵循哪些基本原则?
5. 礼仪与服务礼仪的关系是什么?

模块二

个人职业形象塑造

项目一

仪容礼仪

引言:在职场中,每一位员工不仅仅代表自己的形象,还代表企业的形象。因此,在职场当中,企业员工的仪容仪表仪态、一切的言行举止都很重要。每个员工的良好形象,在交往对象的眼中都是企业良好的形象,而任何一个员工的不良行为,都会破坏整个企业的良好形象。

【教学目标】

1. 了解形象塑造的重要性。
2. 掌握个人仪容礼仪规范。
3. 明确服务人员发型规范要求。

任务一　形象塑造的重要性

微课5:形象
重要性

> **导学案例**
>
> 　　小美大学毕业后成为一名光荣的动车乘务员。一天轮休在朋友家玩,第二天上班化妆时,小美发现口红忘带了,因为公司对口红色号有严格要求,朋友家一时找不到合适的口红,小美索性只擦了润唇膏就去上班了。结果一上岗,就被乘务长发现了,小美当场被罚款50元。
>
> ....
>
> **问题**:你觉得对小美的罚款合理吗? 企业为什么这么重视员工个人形象?

一、职业形象的内涵

　　形象是指能引起人的思想或感情活动的具体形态或姿态,是人们通过视觉、听觉、嗅觉、触觉等对一件物品或一个人物产生的整体感受。从心理学的角度来看,形象就是人们通过视觉、听觉、触觉、味觉等各种感觉器官在大脑中形成的关于某种事物的整体印象,简言之是知觉,即各种感觉的再现。有一点认识非常重要:形象不是事物本身,而是人们对事物的感知,不同的人对同一事物的感知不会完全相同,因而其正确性受到人的意识和认知过程的影响。由于意识具有主观能动性,因此事物在人们头脑中形成的不同形象会对人的行为产生不同的影响。

　　个人形象,是指能够引起公众感知并作出整体评价的个人的内在素质与外显表现等印象的总和;就是一个人的外表或容貌,也是一个人内在品质的外部反映,它是反映一个人内在修养的窗口。从心理学的角度来看,他人通过观察、聆听和接触等各种感觉形成对某个人的整体印象,简单地说,个人形象是指公众对个人感知和评价的总和。

　　个人形象并不等于个人本身,而是他人对个人的外在感知,不同的人对同一个人的感知不会是完全相同的,因为它的正确性被人的主观意识所影响,所以会在大脑中产生不同的形象。社会学者普遍认为一个人的形象在人格发展及社会关系中扮演着举足轻重的角色。人类容貌的改变有一定的理论可做依循,主要取决于人类的基因、年龄和病变等。

个人形象的感知反映了个人的社会认知感,形象不单单体现在衣食住行等方面,它还体现在社会活动和交流中所展现出的自我认同和自我认知过程。

维护在别人面前的个人形象的原因有:首先个人形象反映着个人的素养,其次个人形象能够客观地反映个人真实的生活状态,再次个人形象体现出交流过程中个人的意愿,最后是个人形象和工作有着直接的联系。个人形象既是个人发展的需求,也是社会发展对个人的要求。

职业形象是指你在职场中在公众面前树立的形象,具体包括外在形象、品德修养、专业能力和知识结构这四大方面。它通过你的衣着打扮、言谈举止等方式反映出你的专业态度、技术和技能等。

职业形象需要严格恪守一些原则性尺度。其中最为关键的就是职业形象要尊重区域文化的要求,不同文化背景的公司肯定对个人的职业形象有不同的要求,绝对不能我行我素破坏文化的制约,否则受损的永远是职业人自己。另外,不同的行业、不同的企业,因为集体倾向性的存在,只有在你的职业形象符合主流趋势时,才能促进自己职业的升值。

服务形象,一个企业的形象很大程度上来自服务人员的外在形象,如果服务人员的形象看起来职业化,通常客户就会觉得这家企业有实力。客户通常依据服务人员的形象来判断这个服务人员的职业化素质。

二、职业形象塑造的内容

职业形象包括多种因素:外表形象、知识结构、品德修养、沟通能力等。如果把职业形象比作一座大厦的话,外表形象好比大厦外表上的马赛克,知识结构就是地基,品德修养是大厦的钢筋骨架,沟通能力则是连接大厦内部以及大厦与外界的通道。因此,职业形象塑造应该是由内而外的综合设计工程,外在显性形象塑造和内在气质修炼缺一不可。

(一)外在形象塑造

外在形象具体包括六个方面,亦称个人形象六要素:第一是仪容,是指一个人个人形体的基本外观。第二是表情,通常是指一个人的面部表情。第三是举止,指的是人们的肢体动作。第四是服饰,是对人们穿着的服装和佩戴的首饰的统称。第五是谈吐,即一个人的言谈。第六是待人接物,具体是指与他人相处时的表现,亦即为人处世的态度。

(二)内在气质修炼

气质是指人相对稳定的个性特征、风格以及气度。一个人的真正魅力主要在于特有的气质,这种气质对同性和异性都有吸引力;这是一种内在的人格魅力。

气质美首先表现在内心的丰富。理想则是内心丰富的一个重要方面,因为理想是人生的动力和目标,没有理想的追求,内心空虚贫乏,是谈不上气质美的。品德是气质美的另一重要方面。为人诚恳、心地善良是不可缺少的。文化水平也在一定程度上影响着人的气质。此外,还要胸襟开阔、内心安然。气质美看似无形,实为有形。它是通过一个人对待生活的态度、个性特征、言行举止等表现出来的。气质"外化"在一个人的举手投足之间。走路的步态,待人接物的风度,皆属气质。朋友初交,互相打量,立即产生好的印象。这种好感除了来自言谈之外,就是来自作风举止了。热情而不轻浮,大方而不傲慢,就表露出一种高雅的气质。狂热浮躁或自命不凡,就是气质低劣的表现。

气质美还表现在性格上。性格开朗、潇洒大方的人,往往表现出一种聪慧的气质;性格开朗、温文尔雅的人,多显露出高洁的气质;性格爽直、风格豪放的人,气质多表现为粗犷;性格温和、风度秀丽端庄,气质则表现为恬静……无论聪慧、高洁,还是粗犷、恬静,都能产生一定的美感。相反,刁钻奸猾、孤傲冷僻,或卑劣萎靡的气质,除了使人厌恶以外,绝无美感可言。而富有感情的人,在气质上当然更添风采。

高雅的兴趣是气质美的又一种表现形式。例如,爱好文学并有一定的表达能力,欣赏音乐且有较好的乐感,喜欢美术而有基本的色调感,等等。

当然,单纯地在乎外表或者单纯地注重内在的美,都是对个人形象概念的片面解释,只有二者的完美结合才能体现一个人的修养。一个人良好的形象能适应各种场合,给他人留下深刻的印象,以及获得社会的好评。

案例赏析

古时候,有一位年轻帅气的小伙子是雕刻师,专门雕刻钟馗的石碑。年复一年,日复一日,突然有一天,年轻帅气的小伙子发现自己的样貌变得非常狰狞,他心里很害怕也很苦恼。于是他来到寺庙为自己祈福,告诉神明他这一生并没有做过坏事,对工作也是尽心尽力,但不知为什么老天要惩罚一个无辜的人,让一位本来帅气的人变得丑陋不堪。这时,一位得道高僧听到了小伙子的苦恼,便询问他是做什么的,小伙子如实告知自己是做雕刻的。得道高僧又问他雕刻什么图案,小伙子告知是雕刻钟馗的。得道高僧哈哈大笑说:"想恢复你从前的样貌并不难,你还是好好地做你的雕刻师,但从此你不要雕钟馗了,你就雕弥勒佛。"自此以后,年轻小伙子不仅恢复了从前的样貌,而且样貌变得和蔼可亲。

三、职业形象塑造的意义

美国一位形象设计专家对美国财富排行榜前300位中的100人进行过调查,调查的结果是:97%的人认为,如果一个人具有非常有魅力的外表,那么他在公司里会有很多升迁的机会;92%的人认为,他们不会挑选不懂得穿着的人做自己的秘书;93%的人认为,他们会因为求职者在面试时的穿着不得体而不予录用。

所以,不管你愿意与否,你时刻带给别人的都是关于你的形象的一种直接印象。当两个人初次见面的时候,第一印象中的55%来自外表,包括衣着、发型等;第一印象中的38%来自仪态,包括举手投足之间传达出来的气质,说话的声音、语调等,而只有7%的内容来源于简单的交谈。也就是说,第一印象中的93%都是关于形象的。现代社会竞争日益激烈,良好的个人形象是树立自信心乃至事业成功的金拐杖。

案例赏析

　　曾经有一位著名的心理学家做过这样一个令人深思的实验:他让两个学生来参加自己的实验,测试的两位学生的学历相同,知识水平也相差无几。心理学家让两位学生在相同的时间内做相同的30道题,并且让他们只做对其中的一半,但是让学生A做对的题目尽量靠前,大多数出现在前15道题目中,而让学生B做对的题目靠后,几乎都出现在后15道题中,然后让一些被试对这两位学生进行评价和判断:这两者相比较,谁更聪明一些?

　　测试的结果发现,大多数的被试都认为学生A更聪明一些,而学生B相对来说,稍微差一些,尽管这两位学生的成绩是一样的。心理学家说,这就是第一印象的影响。

(一)打造专业化职业形象的重要手段

　　心理学研究发现,与一个人初次会面,45秒钟内就能产生第一印象。它主要是获得了对方的性别、年龄、长相、表情、姿态、身材、衣着打扮等方面的印象,判断对方的内在素养和个性特征。这一最先的印象对他人的社会知觉产生较强的影响,在对方的头脑中形成并占据着主导地位。这种先入为主的第一印象是人的普遍的主观性倾向,会直接影响到以后的一系列行为。在现实生活中,首因效应所形成的第一印象常常影响着人们对他人以后的评价和看法。

　　因此,在对客服务中,我们要努力塑造符合专业要求的职业形象,包括发型、着装、表情、言谈举止、待人接物、女士的化妆及饰品等。通过得体的职业形象塑造在客户心中留下严谨专业的美好印象,这有利于后续服务工作的顺利开展。

(二)展示企业形象的重要窗口

　　塑造自身的完美形象既是对自身的关爱,也是对别人的尊重,更是企业形象外在表现的关键。企业形象完全是每一位员工形象的综合体现,每个人的自身形象不只是代表自己,还代表所处企业的形象,以及自身的公共形象。这使得我们更要注意和培养自己良好的个人形象,使个人形象和企业形象相互依存、相互促进。

　　对客服务人员是一线服务岗位,是企业服务质量的展示窗口,客户对服务人员工作的满意度直接影响着其对该企业的认可度。因此,对客服务人员更加需要时刻保持良好的职业形象,以饱满的热情、专业化的技能、大方得体的形象为旅客提供服务,为企业赢得良好的声誉,助力企业树立良好的社会形象。

(三)沟通旅客的有效工具

　　俗话说"人靠衣装马靠鞍",商业心理学的研究告诉我们,人与人之间的沟通所产生的影响力和信任度,来自语言、语调和形象三个方面。它们的重要性所占比例是:语言占7%,语调占38%,视觉(即形象)占55%,由此可见形象的重要性。服装作为形象塑造中的第一外表,是众人关注的焦点。你的形象就是你自己的未来,在当今激烈竞争的社会中,一个人的形象远比人们想象的更为重要。一个人的形象应该为自己增辉,当你的形象成为有效的沟通工具时,那么塑造和维护个人形象就成了一种投资,持续下去会带来丰厚的回报,让美的价值积累,让个人消费增值。没有什么比一个人许多内在的东西都没有机会展示,还没领到通行证就被拒之门外的损失更大了。

总而言之,服务行业的全体从业人员在面对客户时,也应力求使对方对自己产生良好的第一印象。唯有如此,双方才会和睦相处,才能避免摩擦的产生,客户才会对服务人员所提供的各项服务舒心满意。

服务人员的职业化塑造就是服务人员呈现出来的职业化形象,其内容包括四方面:标准的仪容仪表、得体的服务用语、专业的服务技能、规范的礼仪形态。这是服务人员做服务工作应具备的基本素质和条件。服务人员的职业化形象,也是服务人员所在企业管理水平的体现。

总之,形象就是宣传,形象就是效益,形象就是服务,形象就是生命,形象重于一切,留给别人的第一印象非常重要。

中华礼仪知识链接

子曰:"质胜文则野,文胜质则史。文质彬彬,然后君子。"

——《论语》

......

孔子说:"质朴胜过文采,就显得粗野,文采胜过质朴,就显得做作。要质朴与文采平均发展,才称得上君子。"

所有文化活动,都含有内外两部分,譬如行礼,内心必须敬诚,这是内在部分,而礼之为礼,也必须有一套规矩、仪式,这是外在部分。

任务二　服务人员仪容礼仪

导学案例

小美成功应聘为汉口火车站贵宾厅的服务员,今天第一天上岗。一早,她就化了个美美的妆容,穿着大红色的制服,来到了贵宾厅。但是晨会上她被经理批评,经理要求她重新化妆,小美很委屈,心想今天的妆容就是按照上班标准画的,一点都不浓,选择的都是她最喜欢的浅蓝系列,很淡雅了,她想不通经理为什么让她重化。

......

问题:是经理挑剔,还是小美做错了? 如何化好客运服务职业妆容?

仪容,指人的外观、外貌,主要指人的容貌。它包括一个人头部的全部外观,如面容、发型,以及人体所有未被服饰遮挡的肌肤,如手部、颈部等。长相是天生的,一般难以改变,但得体的着装修饰却可弥补先天长相的不足之处。姣好整洁的仪容不仅有利于增强自信,更加有利于在人际交往中博取别人的好感。

在服务过程中,服务人员仪容是一个不可忽略的交际因素,良好的仪容,会令人产生美好的第一印象。服务人员良好的仪容本身也是一种礼貌的行为和自尊的表现。

服务礼仪规定:全体服务行业的从业人员在自己的工作岗位上,都需要按照本行业的规定,对自己的仪容进行必要的修饰与维护。服务人员在修饰仪容时,应当把重点放在面部、肢体、发型三个方面。

一、面部修饰原则

面部是人体中裸露在外时间最长的部位，也是人际交往中被重点关注之处。人与人的交往应该是从对面部的第一视觉点开始的，给人以美感的容颜，一般来说，总能引起人们交往的欲望，所以服务人员要重视对自己容颜的修饰。

修饰面部时，服务人员应当以"洁净、卫生、自然"为原则，一方面注意保养皮肤，另一方面注意美化修容。

（一）洁净

服务人员在当班时，务必要保持自己的面部干净、清爽，保持面部无灰尘、汗渍、分泌物以及其他被人们视为不洁净之物的杂质。服务人员要做到这一点就要养成平时勤于洗脸的良好习惯。服务人员在清洗自己的面部时，一定要耐心细致、完全彻底，"面面俱到"，眼角、鼻孔、耳后、脖颈等易于藏污纳垢之处，切勿一带而过。

（二）卫生

服务人员在进行个人面部修饰时要注意自己的面部卫生，需要兼顾讲究卫生与保持卫生两方面。

（三）自然

自然，主要指的是面部既要修饰，又忌讳标新立异或"一鸣惊人"。服务人员的面部修饰更提倡自然、简练、朴素。

二、面部基础修饰——清洁

一个人可以不美丽，但是绝对不可以不干净。清洁是个人素质的体现，也是尊重自己、尊重他人的体现。面部修饰首先要从清洁肌肤做起，重点是做好眼部、口部、鼻部和耳颈部的清洁。

（一）眼部的修饰

俗话说"眼睛是心灵的窗户"，服务人员的眼部也是服务对象最为关注的部位，要随时注意它的保洁问题。特别要注意眼角是否还留有眼屎，否则会使你当天的形象被破坏殆尽。女服务员的眉毛应以自然美为主。眉毛较粗或者眉毛形状生得不太理想的女服务员，可以适当修剪美化。

（二）口部的修饰

口部的修饰范围包括口腔和口的周围两个方面。口部修饰要注意口腔卫生，保持牙齿清洁。牙齿清洁的标准是无异物，无异味，保持洁白。

首先，每天坚持认真刷牙。刷牙时应采用正确而科学的方法，务必做到"三个三"：每天早中晚刷三次牙；刷牙适宜在饭后三分钟进行；每次的刷牙时间至少三分钟。

其次，在社交场合进餐后要剔牙，但切忌当着别人的面剔牙。正确方法是，用手掌或餐巾掩住嘴角，然后剔牙，剔除的异物要吐到合适的地方，不要让它乱飞。

最后，无异味。口腔有异味是很失风范的事情。平常最好不吃生葱、生蒜一类带刺激性气味的食物。每日早晨,空腹饮一杯淡盐水,平时多以淡盐水漱口,能有效地控制口腔异味。在工作时嚼口香糖是不礼貌的,特别是与人交谈时,更不应嚼口香糖。

另外,男士要及时剃须。男性服务人员若无特殊的宗教信仰或民族习惯,最好不要蓄须。切忌胡子拉碴地在工作岗位上抛头露面,因为这样见人会被认为是一种失礼行为。

(三)鼻部的修饰

鼻子位于五官的中心部位,也是面部最突出的部分。鼻子的修饰重在保养。要点有三:一是注重保养,鼻子及其周围若是长疮、暴皮,生出"黑头",长连片的"青春痘"甚至出现"酒渣鼻",严重影响美观。二是不能乱挤、乱挖、乱抠,鼻子是面部的敏感区,容易感染。三是要注意及时修剪鼻毛。

(四)耳部和颈部的修饰

对于不少人而言,在清洁面部时,耳部特别是耳孔之内,往往会被忽略。耳朵里沟回很多,容易藏污纳垢,应注意耳朵的清洁。修饰耳部主要是保持耳部的清洁,及时清除耳垢。

小贴士

基础护肤三部曲

皮肤在保持清洁的条件下,还需要注意保养。这样不仅有利于保持皮肤的健康,还可以消除岁月的痕迹。一般皮肤保养可以分为内部保养和外部保养。外部保养又可以分为基础护肤和美容护肤。基础护肤一般有三个步骤,我们称为"基础护肤三部曲",即洁肤—爽肤—润肤,这三个步骤也是化妆前的三部曲。

1. 洁肤

清洁皮肤是第一步,先用温水浸湿脸部,根据皮肤类型选择合适的洁面用品,取适量放在手中添加少量水揉出丰富泡沫,将泡沫涂抹在面部,不要揉搓,要轻轻画圈按摩;接着用清水洗净,再用柔软的毛巾轻轻拭去面部水分,切忌用力擦拭肌肤。洁肤工作一定要仔细认真,一时的疏忽不仅会影响化妆效果,而且会影响皮肤的健康。

2. 爽肤

爽肤是第二步,即用化妆水为皮肤补充水分。其意在滋润皮肤,调理肌肤酸碱度,平衡油脂分泌,也能使上妆后妆面更持久。具体方法是将爽肤水倒在化妆棉上,由下往上擦拭,并在T字部位按几下,再用双手朝脸上扇风。也可将爽肤水倒入掌心,然后用手拍在脸上,之后用手指在脸上像弹钢琴一样轻轻地弹压。

3. 润肤

润肤是第三步,主要起到滋润和保护皮肤的作用。润肤霜要根据自身的肤质和季节的变化来选择。化妆前的润肤主要有两个目的:一是防止皮肤的水分挥发,同时能补充皮肤的营养和水分,以至于更加容易上妆并且不易脱妆;二是润肤后可以在皮肤表层形成保护膜,以免受到外界环境的刺激,将皮肤与化妆品隔离开,从而达到保护皮肤的目的。

涂抹面部润肤霜一般采用五点法将润肤霜点在额、鼻、双颊、下巴处,轻轻拍开或者将润肤霜在双手手心揉开,然后由上往下,由内向外,将全脸拍匀至皮肤完全吸收。

> 涂抹眼部时要特别注意手法。在面部的肌肤中,眼周肌肤最为敏感,是全身最薄的部位,因此眼周的产品应单独选择。这样既能补充眼周皮肤的水分与营养,又能避免由于养分不能完全吸收而使眼部出现油脂粒的现象。可选择水分含量大、油脂成分含量少的眼部护理品,如眼胶、眼部精华等。
>
> 本资料由作者根据相关资料改写

三、面部遮瑕修饰——化妆

化妆,是修饰仪容的一种高级方法,它是指使用化妆品按一定技法对自己进行修饰、装扮,使自己容貌变得更加靓丽。在人际交往中,适当化妆是必要的。这既是自尊的表示,也是对交往对象的重视。

服务人员在服务工作中,一般都应适当地化妆,即"化妆上岗,淡妆上岗"。服务人员在上岗服务前化妆,会发挥以下三种作用:

一是有助于表现服务人员的自尊自爱。

二是有助于表现服务人员的爱岗敬业精神。

三是有助于表现服务人员的训练有素。

(一)化妆的原则

服务人员在化妆时,应遵守淡雅、简洁、适度、庄重和避短这五项原则。

(1)淡雅。就是要求服务人员在工作时一般都应当化淡妆。淡妆指化淡雅的妆容,亦即人们平时所说的自然妆。

(2)简洁。服务人员的岗位妆容,应当是一种简妆,无须复杂烦琐。

(3)适度。服务人员的工作妆,必须适合本职工作的实际需要,而且化妆的程度要适当。

(4)庄重。服务人员的妆容,应以庄重为主。服务人员上班时不宜化社会流行的妆容。

(5)避短。服务人员在化妆时,要扬长避短,掩饰自己的短处,弥补自己的不足。化妆时扬长避短,重在避短,而不在于扬长。

(二)化妆程序和步骤

化妆可分为基础化妆和重点化妆。基础化妆是指整个脸面的基础护肤与修饰,包括清洁、滋润、打底与扑粉等,具有护肤的功用。重点化妆是指眼、睫、眉、颊、唇等器官的细部化妆,包括加眼影、画眼线、刷睫毛、涂鼻影、擦胭脂与抹唇膏等,能增加容颜的秀丽并呈立体感,可随不同场合变化。

1. 女性服务人员化妆技巧

一般而言,一个完整的职业妆需要经过八大流程,依次是:底妆→定妆→眼影→眼线→眉毛→睫毛→腮红→口红。

微课6:女士仪容

(1)底妆。涂粉底是化妆的基础,也是化妆中最关键的一步。它不仅对整体面色进行修饰,还包含对面部结构和鼻子的修饰。涂抹粉底要在洁肤和润肤后进行,这样才能使粉底与皮肤贴合紧密,不易脱妆。具体手法是用海绵顺着面部肌肉生长的方向涂;在接近面部的前发际线和下颌底线时,要逐渐减弱,防止出现边缘线。

（2）定妆。定妆和底妆同样重要。先用粉扑蘸取适量的蜜粉，弹去多余的粉末，均匀地按压在肌肤上，再用大号化妆刷刷去多余的粉末，千万不可遗忘眼角、鼻翼、嘴角这些多油脂区域。这不仅是为了定妆吸油，更重要的是可起到二次修饰的作用。

（3）眼影。眼睛是心灵的窗户，眼影的使用是为了表现眼部立体结构和整体的化妆风格及韵味。画眼影是通过色彩来修饰和美化眼睛。眼影所使用的颜色要与服装的颜色、肤色、季节以及眼部的特点等因素协调统一。

工作淡妆的眼影不宜鲜艳，可选择浅咖啡色系列，或是大地色系、裸妆系。

首先，用眼影刷蘸取眼影粉，做到"意在笔先"，由外眼角向内眼角均匀地渲染出眼部的结构。

其次，由眼睑部位徐徐向上由浓到淡渲染，在表现深色、重色的位置，用眼影刷的一面加重力度蘸颜色；在表现浅色的位置，用眼影刷的另一面轻蘸颜色。

注意：眼影刷不能竖着使用，要平贴皮肤表面轻轻晕染，这样表现出柔和的效果。另外，没有眼影刷时可以用指腹，既方便，又能很好地掌握上眼影的力度。指腹的温度可以使眼影更加均匀，还可以模糊深浅眼影的分界，使眼妆看上去更加自然。

（4）眼线。画眼线也是美化眼睛的重要手法。画眼线是用眼线笔在上下睫毛根部勾画出两条黑线，有强调眼形的作用。首先用手指撑住眼皮，露出睫毛根部，眼线笔沿着睫毛根部将睫毛缝隙填满，最后用棉棒整理不够顺滑的部位，同时沿着眼线的边缘慢慢地小范围地晕染，让眼线和眼影过渡自然。值得注意的是工作淡妆下眼线可以不画。

（5）眉毛。如果把眼睛比作一幅美丽动人的图画，那么眉毛则是这幅图画的画框，画眉最重要的是和眼睛协调一致。眉毛分为眉头、眉峰和眉尾。眉头的最佳位置应与鼻翼、眼头对齐成一条直线。眉峰：眼睛直视正前方，从鼻翼往黑眼珠外缘向上延伸，便是眉峰的最佳位置。眉尾：从鼻翼往眼尾方向向上延伸，是眉尾的标准位置。

找准位置后，用接近自身发色的眉笔或眉粉轻轻勾勒、描画，形成微微带着转折、浓淡相宜以及适合自己脸型、眼形的眉型。画完后最好都用眉刷将眉形刷匀，这会使眉毛看起来更加自然完美。

（6）睫毛。眼妆的最后一步是涂睫毛膏，可增加眼睛的生动性和立体感。在涂睫毛膏之前，要先用睫毛夹将睫毛夹一下，让睫毛形成自然的上翘曲线。蘸取睫毛膏后，从睫毛根部往外、往上涂，再以"Z"字方式左右涂。

（7）腮红。腮红可增加面部的红润感，给人以生机勃勃和精神焕发的感觉，还可以帮助修饰脸型。腮红的颜色应选择与唇膏、眼影相似的颜色。腮红的中心应该在颧骨部位。涂腮红最简单的方法就是微笑时以脸颊的最高点为腮红中心，再以打圈式或横向式涂出适合自己脸型的腮红。最后用粉扑轻轻按压腮红，使颜色完全服帖于肌肤，红润的好气色自然透露出来。

（8）口红。使用唇膏不仅能增强面部色彩，还能较好地调整肤色。职业妆容的口红颜色不宜鲜艳，尽量接近唇色。首先用唇线笔勾画出理想的唇廓线；接着用唇笔或唇刷按照从上到下、从嘴角向唇中方向涂抹外缘，逐步涂向内侧，直到全部涂满，在笑时或者谈话时看不到留有界限的存在；最后根据需要涂上光亮剂。

化妆完后要全面仔细地检查妆面的整体效果,可进行近距离及远距离观察,以达到最符合服务人员专业形象的效果。

> **知识拓展**
>
> 从古至今,女人与装扮之间似乎是可以画上等号的。大英博物馆里珍藏着一个妇人用过的化妆盒,化妆盒里有象牙梳、火山石、用来盛化妆品的小罐、润肤膏等,经考证据说属于1400年前古埃及的女性。
>
> 清李渔《闲情偶寄·声容部·修容》说:"妇人惟仙姿国色,无俟修容;稍去天工者,即不能免于人力矣。""仙姿国色"者毕竟屈指可数,大多数女人则借化妆这种外力来实现自己对美的追求。爱美之心人皆有之,俗话说"三分人才,七分打扮"。
>
> 化妆为了谁?有句老话是"女为悦己者容"。联系到化妆,就是为情侣容、为爱人容、为喜欢你的人容。这自然不错。但是"悦己"显得不公平,更重要的是要"己悦"。所谓"己悦",就是在化妆后自己欣赏自己,在容光焕发中平添几分自信,并对生活有更多的乐观态度。"己悦"在前,"悦己"在后,这是化妆的本义。
>
> 本资料由作者根据相关资料改写

2. 男性服务员化妆技巧

随着时代的发展,越来越多的男性加入到服务一线工作中来,男性服务员与柔美秀丽的女性服务人员最大的区别在于,他们可以展示一种力量型的阳刚之美,并且给人以安全感,因此男性服务人员的形象也有一定的规范。

微课7:男士仪容

与女性服务员一样,男性服务员的形象也体现在他的容貌、姿态、服饰和个人卫生方面。

（1）化妆修饰原则

男性服务员面部修饰相对于女性服务员而言简单很多,应着重在表现阳刚气质。不露痕迹地修正妆容是化妆的要点,主要强调肤色的内向性和统一性,表现出皮肤的质感;化妆的重点是强调挺立的鼻梁、浓密的眉毛和丰厚的嘴唇。男性服务员的化妆重点在于清洁、自然,体现自身的特点。

（2）化妆步骤

男性化妆流程相对简单,在和女生一样做完"洁面→爽肤→乳液"三步肌肤基础护理后,男士的化妆步骤只有6步,依次是:涂湿粉打底→修饰鼻子→定妆→修饰眉毛→修饰面颊→涂唇膏。

①涂湿粉打底。男性由于肤质的关系,最好选用湿粉,用量要少,具体用法是用海绵均匀涂在外轮廓上,包括脖子、耳朵。接着用海绵晕染内轮廓,在接近面部的前发际线和下颌底线时,要逐渐减弱,防止出现边缘线。应该根据自身肤色的深浅选择湿粉,脸盘大的、肤色较暗的应该用偏深的湿粉晕染。

②修饰鼻子。对于鼻梁的修饰,可在鼻梁两侧用深色的粉底达到收缩鼻翼的效果。在鼻梁的正面部位使用提亮色来增强鼻子的立体感,使鼻梁看起来更挺立。

③定妆。在定妆时,可选用粉质细腻的蜜粉,看起来比较自然服帖。用少量的蜜粉轻按整个脸部,再用粉刷将多余的蜜粉扫去。

④修饰眉毛。如果把眼睛比作一幅美丽动人的图画,那么眉毛则是这幅图画的画框,画眉最重要的是和眼睛协调一致。因此,男士也要修饰眉形。

画眉时,用小眉刷蘸取少许眉粉轻刷双眉,颜色不要太深,看起来要自然而不露痕迹。男士不涂眼影,眼线的描画一定要浅,尽量靠近睫毛根部,主要强调眼形及眼的神韵。

⑤修饰面颊。男士不需要涂腮红,如果面颊是黄中带红则不需要修饰。但是如果面颊带白或太暗可以适当修饰,使肤色看上去健康,起到收缩脸庞的作用。

⑥涂唇膏。男性服务人员一般不需要画唇线,只需要使用一点无色的唇油或润唇膏。

总体讲,男生的化妆主要是去油和遮瑕,给客人干净、阳光的感觉。胡须是男性的标志,但是服务人员不能蓄胡须,因此每天至少要剃须一次,以保持容貌的清爽。在使用香水上也要格外谨慎,可以使用清香型男士专用香水,避免使用浓烈或者味道怪异的香水。

小贴士

男性剃须的五大注意事项

胡须文化是有着悠久的历史的,同样,剃须文化也有着悠久的历史。不正确的剃须方式可能会给人体带来伤害。为了让你的脸刮得干净彻底又不会血溅剃刀,一起来了解关于剃须的五大注意事项。

注意事项一:忌讳从不同方向刮胡须

胡子天天长,一次是刮不完的。但是,你也不需要从各个方向向胡子发起猛攻,这样的结果,只能是把胡须剃得太短,最终形成倒须。

注意事项二:选择在清晨剃须

清晨是剃须的最佳时间,睡眠中由于新陈代谢加快,皮脂腺分泌旺盛,毛发生长迅速。经过一夜疯长,早晨正是最好的剃须时机。而且这时的皮肤比较放松,剃须也可降低被刮伤的概率。

注意事项三:不要在洗澡前剃须

刚刚剃须后的皮肤有很多肉眼看不到的微创,比较敏感,这时马上洗澡,沐浴液、洗发液、热水等的刺激,容易引起剃须部位的不适,甚至发红。

注意事项四:不要在运动前剃须

运动时,身体的血液循环加快,大量的汗液会刺激刚刚刮过的皮肤,引起不适甚至感染。

注意事项五:26度剃须法则

剃须时应绷紧皮肤,以减少剃刀在皮肤上运行时的阻力。然后适量涂抹剃须膏,先从鬓边、两颊和颈部刮起;其次是下颚,理想角度是26°左右,并尽可能减少回刮。

摘自《健康资讯》

任务三 服务人员发型规范

微课8:服务
发型

> **导学案例**
>
> 　　小满拥有一头乌黑秀丽的长发,但是耳朵长得不好看,在学校时都是长发披肩。当上高铁乘务员后,必须盘起秀发、露出双耳,小满很抵触,一直不愿意盘发,岗前培训的老师发现了她的困惑,就特意安排她做斟茶练习,结果每次躬身斟茶时飘逸的头发都耷拉到胸前,有几次甚至落入茶水里。训练一结束,小满立马主动盘好了头发。
>
> ┈┈┈┈┈┈┈┈┈┈┈┈┈┈┈┈┈┈┈┈┈┈┈┈┈┈┈┈┈┈┈┈┈┈┈┈┈┈
>
> 　　**问题:**小满为什么最后愿意盘起头发?铁路服务人员的发型和服务质量有关系吗?

　　头发生长在头顶之上,即位于人体的"制高点",通常在观察、打量一个人时,会习惯性从头部开始,头发也就成为一个被关注的重点。由此可见,发型礼仪是对客服务人员个人形象礼仪中不可或缺的重要组成部分。恰到好处的发型可以烘托出人的外在形象和个性气质美,塑造出优雅的气质和良好的风度。服务人员在进行个人头发修饰时,要首先依照服务员的工作性质、工作规范,其次才是根据自己的审美习惯和自身特点对头发进行修饰和美化。

一、发型基本要求

　　服务人员发型的基本要求是确保发部的整洁。由于头发本身每时每刻都在产生一些分泌物,与此同时还会不断吸附空气中的灰尘,如果不及时清洁发部,极易产生令人不舒服的气味,给人以邋遢、萎靡不振之感,严重影响个人形象美。因此,一定要保持头发的干净整洁,认真自觉做好发部的日常护理。通常情况下,应该每周至少清洗头发2~3次,重点是去除灰垢、消除头屑、防止异味等。

　　因为是对客服务,服务人员的发型首要要求就是庄重。唯有如此才能与服务人员的具体身份相称,才易于使自己得到服务对象的信任。不能过分时髦或者标新立异,给人不稳重不靠谱的感觉。其次不准染发,黑色是唯一可选颜色。最后要么短发要么盘发,头发长度不能超过衣领。

　　另外,任何头发都要定期修剪,以便使之呈现一定造型。在正常情况下,男性服务人员应当每半个月左右修剪一次头发,或者至少确保每个月修剪一次,以保证发型的轮廓不变。女性服务人员可以根据个人的具体情况而定。

> **知识拓展**
>
> ### 不同发质的护理秘诀
>
> 　　每个人都希望能够拥有一头健康美丽的秀发。和皮肤一样,头发也有干性和油性之分,所以不同发质的头发保养方法也是有所不同的。你想拥有一头惹人艳美的秀发,自己平日就要更加精心护理。因此,你要认清自己的发质以及头发问题的症结所在,有针对性地选取最合适的用品。

1. 油性发质

油性发质的特点是发丝比较油腻，如果有几天没洗头发，发根就会出现油垢，头皮也容易发痒，这是由于人体的皮脂分泌过多，再加上过度的梳理、精神压力大和经常进食高脂食物有关，这些因素都可能令头发的油脂分泌增加。并且发质越细的人，往往出现油性头发的可能性也就越大。那么油性发质的人应该如何护理头发呢？

对于油性发质的人来说一定要坚持勤洗头，并且使用去油功能较强的洗发水，这样可以有效地去除油脂。另外，在日常饮食中也要注意，最好选择鱼肉、牛奶、鸡肉、香蕉等低脂肪高蛋白的营养食物，并且每天坚持吃2个新鲜水果，这对于改善发质的油腻有很好的帮助。

2. 干性发质

如果你的头发干燥无光泽，并且容易打结，易有头皮屑，特别是在浸湿的情况下难以梳理，通常都是头发根部较为稠密，而发梢则较为稀薄，那么你的头发就属于干性发质。干性发质主要是皮脂分泌不足或者头发角蛋白缺乏水分导致的，一般来说这类发质的弹性较低，有时候发梢还容易开叉。

干性发质的人平常要多食用一些富含蛋白质、钙、铁、维生素的食物，多吃水果、海带、核桃仁、菠菜、鲜虾仁等食物加强营养。干性发质的人不用天天洗发，洗发时选用温和营养性的洗发护发产品，最好每天按摩头部10~15分钟，促进血液循环以及皮脂腺的分泌。

3. 中性发质

中性发质应该是最好的一种，头发不油腻、不干燥，柔软顺滑有光泽，只要不经常烫发染发，一般来说都可以保持最佳的状态。同时多吃些胡萝卜、核桃仁、芝麻等富含维生素的食物，这对于养发护发都是非常有好处的。

本资料由作者根据相关资料改写

二、男性服务人员发型规范

男女有别，在头发的长短上便有所体现。男性服务人员的发型要做到"三不"，即"前发不覆额，侧发不掩耳，后发不触领"。所谓前发不覆额，主要是前额的头发不遮盖眼部，即不允许留长刘海。所谓侧发不掩耳，主要是两侧的鬓角不长于耳垂底部，即不应当蓄留鬓角。所谓后发不触领，主要是后脑的头发不宜长至衬衣的衣领，且男性不宜使用任何发饰。（图2-1-1）

图 2-1-1

三、女性服务人员发型规范

女性服务人员在选择发型时，必须与自己的身份相符合，符合本行业的"共性"要求——简约、明快。

穿着制服时必须按照出勤标准梳理好发型,发型必须用发胶整理固定,做到不掉落、不松散。可以留短发,短发造型不能奇特。头发长度不超过衣领。可以有刘海,但是必须保持在眉毛上方,不能遮住眼睛。两侧头发要干净利落、服帖。白发过多者,建议染发,但只能染黑色或者接近发色的自然色。长发必须束起,盘于脑后,可以使用统一发放的头花或发网,发网必须呈饱满状,禁止留刘海,碎发要用发胶、夹子固定住(外露发夹数量不超过四枚)。

四、盘发技巧

(一)盘发工具

盘发所用工具一般有黑色皮筋、黑色发卡、发网。(图2-1-2)

图2-1-2

(二)盘发步骤

盘发一共分为四步:扎马尾→拧头发→整理发梢→戴头花或发网。(图2-1-3—图2-1-6)

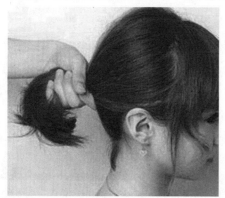

图2-1-3

图2-1-4

图 2-1-5

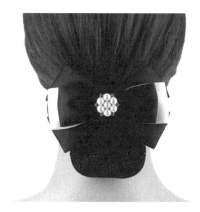
图 2-1-6

知识拓展

脸型与发型搭配技巧

很多美女都知道人的脸型有很多种,但是具体有哪几种? 她们的头发适合什么发型呢? 要准确地对自己的脸型作出正确的判定,就把全部的头发向后梳,用发带束起来,对着镜子看自己脸型的宽度、长度以及各个位置的角度,你就可以对自己的脸型进行归类。今天我们就介绍一下具体脸型和适合的发型,希望大家可以借鉴,灵活运用。

脸型一般分为六种:鹅蛋脸、圆脸、三角形脸、瓜子脸、长脸、方脸。

完美的鹅蛋脸可以轻松驾驭任何发型。圆脸的女生适合打造"萌妹子"的形象,搭配刘海或利用两边的头发遮住婴儿肥,可以形成小脸的视觉效果,所以圆脸的女生们更适合梨花头或中分发型。三角形脸适合蓬松发型,用刘海搭配短发或卷发更能修饰脸型。

瓜子脸的女生可以选择斜刘海或披肩的直发,也可以将发尾做一点点内扣,让脸部线条看起来更加柔和。长脸的女生,可以留齐刘海,也可以将发尾内扣微卷,增加甜美可爱的气质。方脸的女生更适合用两边的头发打造斜刘海,营造小脸效果,不适合留齐刘海或露出额头。

资料来源于《生活百科日志》

总之,完美的形象,从头开始。头发修饰是服务人员进行个人形象塑造、美化外表的重要步骤。服务人员的发型必须符合身份,便于工作,要求朴素、长短适中,简约明快。因此,发型不能随心所欲,必须符合职业要求。

中华礼仪知识链接

晨必盥，兼漱口。便溺回，辄净手。

——《弟子规》

．．

"晨必盥，兼漱口"，早晨起来之后，必定要盥洗，漱口、刷牙、洗脸。"便溺回，辄净手"，上完洗手间回来要将手洗干净。这些都是卫生习惯，对身体健康有好处。身体健康也是孝顺，所谓"身体发肤，受之父母，不敢毁伤"。引申到我们内心所受到的污染，也要常常清洗，才能恢复本善。如何清洗？学习圣贤的教诲并切实落实到生活、工作之中。

项目小结

仪容主要是指人的容貌，在对客服务过程中，服务人员的仪容会引起服务对象的特别关注，因此，仪容是首先要注重的内容。一个人可以不美丽，但不可以不整洁。服务人员通过对自身面部、头发、肢体等部位进行保养、修饰，为塑造美好的个人形象和企业形象打下良好的基础。

复习思考

1. 职业形象塑造的意义是什么？
2. 职业形象塑造的内容有哪些？
3. 服务人员面部修饰的原则是什么？
4. 服务人员发型要求有哪些？

实操训练

1. 填写化妆操作方法，给自己画个职业妆容，并拍摄视频作业。

实训项目	操作流程	操作方法和要求	实训考核			
			个人自评（20%）	小组互评（30%）	教师评分（50%）	总分
化妆	底妆					
	定妆					
	眼妆					
	画眉					
	腮红					
	唇膏					

2. 填写护肤操作方法，并按步骤完成护肤，拍摄视频作业。

实训项目	操作流程	操作方法和要求	实训考核			
			个人自评（20%）	小组互评（30%）	教师评分（50%）	总分
化妆	洁肤					
	爽肤					
	润肤					

项目 二

仪表礼仪

引言:古代用"仪表堂堂"来形容一个人容貌端正、衣着得体、姿态威严。仪表不但能够表现一个人的文化修养,也能够反映他的审美趣味。着装是仪表中最主要的构成,俗话说"三分人才,七分打扮",穿着得体,举止高雅,不仅能博得他人的信任,给人留下良好的印象,还能够提高与人交往的能力。相反,穿着不妥,举止不雅,往往会降低你的身份,损害你的形象。由此可见,仪表是一门艺术,既要讲究和谐、色彩,也要注意场合、身份。

【教学目标】

1. 了解职业着装的基本原则。
2. 掌握职业着装的礼仪规范。
3. 掌握配饰礼仪规范。

任务一 职业着装礼仪

微课9:着装礼仪　　　　微课10:职业着装规范　　　　微课11:服务人员着装规范

导学案例

　　王丽丽得知一家国企正在招聘运营部经理助理,她递交个人简历后被通知前去面试。她想给经理留下深刻的印象,于是出门前做了精心的打扮:一身前卫的衣服、时尚的玉质手环、造型独特的戒指、亮闪闪的白金项链、新潮的玛瑙耳坠,身上每一处都是亮点……部门经理一进门看到她的穿戴便对她抱歉地说:"你确实很漂亮,你的服装配饰无不令我赏心悦目,可我觉得你并不适合干助理这份工作,实在抱歉。"

　　点评:王丽丽非常看重这次面试,但没有用正确的方式去体现自己的重视,效果适得其反。经理看到王丽丽的第一印象是漂亮,但不适合这份工作。这说明着装的搭配能透露出一个人的个性、身份、涵养、审美水平及其心理状态等多种信息,一旦你着装出现了错误,也就影响到他人对你的第一印象,以及对你个人形象的评价。为了更好地表现出对交际对象的尊重,反映自身良好的素质和修养,我们应该学会得体规范的服饰穿搭,这样才能更好地展示出企业良好的精神面貌和管理水平。

一、职场着装原则

　　服饰是人形体的外延,衣、裤、帽、鞋、包等各类服饰综合修饰人的形体,它们共同起着遮体御寒、美化人体外形的作用。天生容貌秀丽、胖瘦适宜、高矮适当、线条优美的人并不多。对于大多数人来说,可以通过着装、配饰来掩饰不足,扬长避短,创造视觉的美感。尤其是作为服务行业的工作人员,在着装修饰方面已经不仅仅是美化自身,更多的是通过着装来展示职业风度和组织形象。掌握职业着装的基本原则是提升职业素养的重要环节。

(一)整洁原则

职业着装不一定追求高档时髦、华丽昂贵,但必须保持衣着的端庄整洁,避免邋遢。整洁原则要求:一是熨烫平整,无褶皱;二是清洁清新,无异味污垢;三是完好规整,无开线、磨毛、破损。

(二)个体协调原则

服饰搭配是一门艺术,除了御寒防暑、遮羞护肤的实用功能,在现今社会中还具有极强的修饰性和审美功能。个性协调的原则要求着装者的个人服饰搭配要与个人的年龄、体型、职业等相吻合,体现出一种和谐美感。

1.穿着要和年龄相协调

不同年龄的人有不同的穿着要求,年轻人穿着应鲜艳活泼,体现出年轻人的朝气和蓬勃向上的青春之美。而中、老年人的着装则要注重庄重、雅致,体现出成熟和稳重,透出年轻人没有的成熟之美。无论是青春的活力、成熟的稳重还是岁月的沉淀,人们通过服饰的选择与搭配,都能展现出属于自己的独特魅力。

2.穿着要与体型相协调

穿着与体型的协调是一个综合考虑的过程,是形象塑造的关键。涉及对自身特点的认识以及对服装选择的艺术把握。通过精心挑选和搭配,每个人都能找到最适合自己的风格,展现出最佳的形象,实现服饰美和人体美的和谐统一。

观察自己的体型,让服饰来扬长避短。(图 2-2-1)

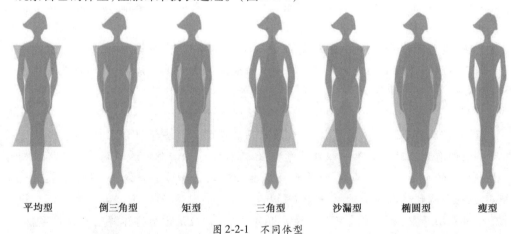

| 平均型 | 倒三角型 | 矩型 | 三角型 | 沙漏型 | 椭圆型 | 瘦型 |

图 2-2-1　不同体型

3.穿着要和职业相协调

不同的职业有不同的穿着要求。(图 2-2-2、图 2-2-3)它不仅关系到个人的职业形象和工作表现,还影响到团队合作和组织文化的构建。因此,每位服务人员都应该根据自己的职业特性、工作环境和公司文化选择合适的着装,以此来提升自己的职业素养和职场竞争力。

图 2-2-2　职业套裙

图 2-2-3　职业套装

（三）整体协调原则

培根曾说过,美不在部分而在整体。例如,青少年学生穿着要朴实、大方、整洁,不宜过于成人化,给人以老气的感觉;而演员、艺术家则可以在端庄的基础上多一点时尚,但不能太另类,要起到修饰体型、容貌的作用,形成和谐的整体美。

服饰的整体形象,由人的形体、内在气质和服装的款式、色彩、质地等构成,整体性原则要求着装的各个部分相互呼应、精心搭配,在整体上尽可能做到完美、和谐、得体,展现着装的整体美。着装的整体性,重点注意两个方面:一是要恪守服饰本身约定俗成的搭配规律;二是要使服装各个部分相互适应,局部服从于整体。

（四）TPO 原则

1963 年,日本男装协会对欧洲的着装规则进行了深入系统的引进和研究后,提出了针对提高日本国民素质的 TPO 计划,由于它的科学性与适用性,TPO 原则迅速成为全世界奉行的服饰交际原则之一。所谓"TPO"原则是指着装要因时间、地点、目的的变化而相应地调整。TPO 分别是英语中 time（时间）、place（地点）、object（目的）三个单词的缩写。

TPO 原则中的"T"代表时间,泛指早晚、季节和时代性。在早晚变化中,例如在职场上男士必备的西服套装,经典颜色为深蓝色和鼠灰色。深蓝色服装可以在一天 24 小时的各个时间段穿着,而鼠灰色服装常用于日间的商务活动。对于女性来说,日间的商务活动为了更好地体现端庄、干练,宜选择西服套裙,晚间的宴会则应穿着光泽感强的礼服裙,配饰也宜时尚闪亮。在季节变化中,一年四季温度、湿度均有差异,着装也应根据各季节的差异性而选择不同面料、质地、风格的服装。时代性的变化是指服装款式应顺应时代发展的主流和节奏,不能过分落伍,也不能过分时髦。

"P"代表地点、场合,不同国家、不同民族因不同的文化背景、地理环境、历史条件、风俗人情,在服装上也显示出不同格调与特色,地点的变化也应选择以尊重对方思想感情的服饰。（图 2-2-4）根据不同地点选择不同着装是适应周围环境、融入社会关系、尊重他人的一种表现。

着装也应当与场合相适应,以使自己与现场气氛相融合,否则会引起人们的疑惑、厌恶和反感,如在正式商务谈判场合,女士穿着一条吊带连衣裙,男士 T 恤配牛仔裤就非常不适合了。

图 2-2-4　VIP 室服务工作套装

"O"代表目的和对象。从目的上讲,人们的着装往往体现着其一定的意愿,即自己对着装留给他人的印象如何,是有一定预期的。着装应适应自己扮演的社会角色,在现代社会中,服装的款式在表现服装的目的性方面发挥着一定的作用。着装应当与交往对象相适应,应从服饰上体现出对他们的尊重。与顾客进行会谈,衣着应庄重考究,表示自己对此次会谈的重视程度;作为嘉宾出席正式宴会时,女士则应穿中国的传统旗袍或西方的长裙晚礼服以示对主人方的尊重。

案例赏析

着装不当的窘境

　　我国一名著名表演艺术家程某在一次访谈中回忆了他曾在香港遭遇的一次窘境,正是这次窘境让他推翻了其原先"穿衣服可忽视场合"的着装观念。据程某回忆,当时香港某影星邀请他参加一个画展,并嘱咐他一定要去帮忙"捧场"。盛情难却之下他应邀出席了这次画展。到达展厅后,他发现厅内人的装束都非常得体,而自己的一身打扮实在有失体面。

　　他身边的几位老总穿着精致的西装,头发光亮整齐,整齐得能看出梳子在头发上划过的痕迹,显得风度翩翩;附近的一位明星留着一头短发,着装合身得体,显得帅气、干练,魅力十足。而他呢,尽管也穿着西服,但那套西服穿了一个星期没离身,裤线早没了,上衣兜盖还不知怎么地反了向,兜口老开着,更重要的是忘了戴领带。

最令程某尴尬的是他的头和脚。由于他习惯起床后用梳子将头发随便扒两下就完事,从来不抹头油或为头发做造型,所以他出席画展那天是这样一个形象:头发各自为政地横躺竖卧,尤其是脑后"旋儿"旁边的那一绺高高地直立着。而脚上的皮鞋,因为穿得太久而布满灰尘且走了形。

程某在回忆以上情景时说,他顿时感到一种被环境隔离开来的不自在。知道他是著名艺术家的人都主动跟他打招呼,有的过来与他握手,有的过来与他交谈,而他已经心不在焉地答非所问,因为他脑子里老想着脑后"旋儿"旁边的那一绺直立的头发……

自那以后,程某非常注意自己的形象,主动学习在不同时间、场合的着装知识及饰物搭配技巧,以杜绝类似的窘境再次发生。

二、服饰的色彩搭配技巧

服饰搭配是指为适应不同场合和身份的需要,运用服装的颜色、材质、款式和饰品进行的整体穿搭行为,进而达到穿着得体、端庄、大方的效果。服装的演变是随着人类文明的进步而不断发展的,是一个国家、民族文化艺术的外在显现,不同服饰的搭配有着不同的含义。色彩、款式、材质是构成服装的三大要素,每个行业内部都会根据自身行业特点形成固有搭配模式,而在服饰搭配中最重要的就是服装的色彩,学习运用色彩能更好地塑造良好的形象。

(一)服饰色彩的三种属性

1. 实用性

保护身体,抵抗自然界的侵袭。例如,浅色服装虽然看起来清爽,但是长期在阳光紫外线的照射下,防晒效果不好,对皮肤有一定损伤。与此相反,一些深色的服装反而要安全得多。研究表明,防晒作用最差的是浅黄色的棉质衣服,其防晒系数为7,其次是米色的棉质衣服,它的防晒系数为9,而防晒效果最理想的是深红色或藏青色的深色化纤服装。

2. 装饰性

色彩本身对服装具有装饰作用,适合的图案与和谐的色彩赋予服装不同的穿搭效果。即使款式一样的服装,只要赋予不同的颜色就会给人不同的感受。服装色彩每年有流行色,例如牛油果绿,不同于显黑的冷调绿,在明度和光泽度上带有柔和反光,因此会让皮肤看起来也会明亮不少。这种颜色本身色调舒服,看起来又很别致,受到大众的喜爱。

3. 社会属性

服饰同样显示了穿着者的所属行业,象征了社会地位,区分了穿着者的年龄、性别及性格。例如,我们看到迷彩服总会想到军人。一个人要想看起来稳重便不宜穿太鲜艳太花哨的服装。又如,高铁服务人员的服饰款式简洁,色彩稳重而不失亲和力,得体地展示出穿着者的职业素养。

服饰色彩有极强的吸引力,若想让服饰美感得到淋漓尽致的发挥,必须充分了解色彩的特性。人们经常用配色后产生的感官体验来决定服饰的取舍,评价穿着者的文化艺术修养。色彩的运用是搭配服饰的关键,所以服饰配色是衣着美的重要一环。服饰色彩搭配得当,可使人显得端庄优雅、风姿卓著,凸显自身的特色;搭配不当,则使人显得不伦不类、俗不可耐。要巧妙地利用服装色彩神奇的魔力,得体地打扮自己,就要掌握服装色彩搭配技巧。

> **知识链接**
>
> 　　服装的色彩可以根据配色的规律来进行搭配,以便达到整体色彩的和谐美感。同时,我们也要将一个人的服装颜色与周围环境以及气氛相吻合、相协调以显示其魅力。例如:①参加户外活动或者体育竞赛时,服装的颜色应鲜艳一些,给人振奋精神、积极向上的美感;②参加正式场合时,如高规格会议或正式谈判时,服装的颜色则以庄重、简洁、素雅的色调为宜,在这种色调下可使人显得干练而稳重;③居家或参加休闲活动时,服装的颜色可以轻松活泼为主,一般样式也可以宽大随意,可增加整体环境气氛的温馨亲和感。
>
> ┄┄┄┄┄┄┄┄┄┄┄┄┄┄┄┄┄┄┄┄┄┄┄┄┄┄┄┄┄┄┄┄┄┄
>
> 　　**点评**:服装色彩不是独立存在的,它和很多的相关因素融合在一起才能表现出最佳效果。除了场合问题,还有服色季节协调法,即将服装的色彩与不同季节进行协调:①春天:要穿明快的色彩,如黄色中含有粉红色、豆绿色或浅绿色等。②夏天:以素色为基调,给人以凉爽感,如蓝色、浅灰色、白色、玉色、淡粉色等。③秋天:穿中性色彩,如金黄色、翠绿色、米色等。④冬天:穿深沉的色彩,如黑色、藏青色、古铜色、深灰色等。

（二）服饰色彩与体型

　　每个人的体型不一样,学会巧妙地运用服饰色彩修饰体型,弥补身材缺陷,用视觉错觉来创造优质效果。下面我们来了解不同体型的人适合什么样的穿着。

　　1.体型肥胖的人

　　体型肥胖的人不宜穿色彩过于艳丽或横竖条纹的衣服,因为会导致体型向横宽错视方面发展。该体型的人适合穿深色、冷色小花纹、直线纹衣服,这样可以在视觉上有显瘦的效果(图2-2-5)。

　　2.体型偏瘦的人

　　体型偏瘦的人可以穿浅色、横纹或大方格、圆圈图案的衣服,以视错觉来增加体型的横宽感。同时可选用红、橙、黄等暖色的衣服,使之看上去健壮或丰满一些。该体型的人不宜选择单一性冷色、暗色的衣服色彩(图2-2-6)。

图2-2-5　体型肥胖的人

图2-2-6　体型偏瘦的人

3. 体型矮小的人

体型矮小的人，应尽量避免穿深色的衣服，深色在视觉上会形成紧凑感。该体型的人应该挑选素净色或长条纹服饰，不要穿颜色鲜艳及大花图案、宽格条的衣服。在色彩搭配上要掌握两个基本原则：一是衣服色调以温和系为主；二是上装的颜色要选邻近色，不要反差太大，产生强烈对比的色彩。

4. 体型高大的人

体型高大的人不宜穿颜色浅或鲜艳的衣服，最好避免大花或格子布，应选取小花隐纹面料，主要是为了避免造成扩张感，从而使体型在视觉上显得更大。

5. 肩部偏宽的人

肩部偏宽的人可以选择深色、冷色且单一的衣服，以使肩部显窄（图2-2-7），不宜穿加垫肩的衣服，不宜穿横条纹面料的衣服。

6. 腰围过粗的人

腰围过粗的人可选择能掩饰腰围过粗的衣服，使用深色、冷色及质地较硬的布料，使腰身纤细、优美（图2-2-8）。

图 2-2-7　肩部偏宽的人　　　　　图 2-2-8　腰围过粗的人

7. 臀部偏小、腿偏细的人

臀部偏小、腿偏细的人，不宜选择暴露体型的紧身裙或紧身裤，也不宜选择深色面料的衣服，可以选择素浅、式样宽松的长裤或褶裙，从而掩盖住臀部小、腿细的缺陷。

8. 臀部偏大、腿偏胖的人

臀部偏大、腿偏胖的人尽量不要选择白色或鲜艳、暖色的衣服，也不宜穿上深下浅的衣服，更不宜穿色彩过浅或过亮的裙子、裤子等，用色太纯、太暖或太亮都容易使视觉上体型扩大。

下身着装最好采用深色、冷色和简单款式,这样能使臀部显小,腿部显得纤细,分散人们对其腿部的注意力。

9.腿型偏短的人

腿型偏短的人不宜穿色彩相差过大的上下装,以免将上身与下身截然分开,从而看上去显得更短,全身服饰色彩力求统一、协调。

10.脚偏大的人

脚偏大的人尽量选择与服饰色彩相近的鞋袜,可使脚显小,尤其是色泽协调很重要。同时,不宜穿着白色鞋袜,肉色和米色最不容易引起视觉的注意。

(三)服饰色彩与肤色

1.肤色偏黄者

对于肤色偏黄的人来说,应该避免用明度高的紫色、黄色或蓝色。黄色肌肤加黄色配饰会显得整个人缺乏生气,如果选用粉色系的粉白或者粉红等相近的颜色,就会中和黄色,视觉上会让黄色的肌肤变得白皙柔和。对于肤色较黄的人来说,切忌穿着颜色太过鲜艳的服饰,如大红大紫,最好的方法就是选择一些中和性的服饰,如杏色、奶白色等。这些颜色可以中和淡化黄色的皮肤,给人一种高贵而不俗气的感觉。

2.肤色白皙者

肤色白皙的人,一般来说是可以驾驭各种颜色的。正如我们总说的那句话"一白遮百丑"。但是白皙的肤色又分为肤色苍白和白里透红等。肤色苍白没有红晕的人,应该避免选择纯黑色或者纯白色的上衣,选择粉红色、明黄色等亮一些的色彩,有助于加强气色,平添神韵。

3.肤色偏黑者

肤色较黑的人尽量不要搭配纯黑或者大紫大褐等暗色系的衣服,因为颜色太黑会使五官模糊不清。相反,可以选一些明亮的颜色,如浅黄色、粉白色等,可以强化肌肤的健美感。

(四)服饰色彩与场合

不同场合要运用不同的颜色与不同的服饰来进行搭配,从而使自身脱颖而出,让他人赏心悦目。例如,参加旅游或野营时,我们要选择鲜明色调的运动服或户外装,给人感觉放松而快乐。参加休闲派对时,应选择印花图案、休闲风,给人轻松、休闲、不拘小节的感觉。参加人际、社交等场合时,应选择穿着暖色系的套装或者晚装,如红色、黄色、橙色等暖色系的套装或者晚装,给他人一种热情、自信、友爱、爽朗的感觉。参加会议等正式场合时,应选择穿着正装。如黑色、深咖色、深蓝色等冷色系的正装,能营造一种严肃的气氛,予人冷淡、神秘的感觉。参与谈判缓解对方敌意时,应选择穿着中性色系的职业装,如米色、浅灰色、白色等,可缓和紧张气氛,达到平和效果。

(五)服饰与体型搭配技巧

俗话说量体裁衣,人的体型千差万别,人们在选择衣服的过程中,往往会选择与自身的形体特征相吻合的着装。服装在造型上有 A 字型、V 字型、直线型、曲线型;在比例上有上紧下松或下紧上松;在类型上有传统的含蓄典雅型、现代的外露奔放型。体型不同,适合的服饰类型也不同。

1. A 型身材

A 型身材也称为梨型身材。这种身材的女性肩宽、腰细,大腿相对丰满,整体呈现 A 字形。A 型身材的女性非常容易发胖,并且重量集中在腿部以及臀部。为了使这种身材的女性显得相对平衡,必须要将视线从臀部以及腿部移开,在实际服装搭配的过程中需要选择合适的领型,或者在胸前设置醒目的扣子、口袋。同时上衣需要设置多层次的设计。这种身材的女性不适合穿插肩袖、蝙蝠袖,尤其是在臀部周围设置复杂的设计,包括口袋以及绳边。同时,A 型身材的女性不适合穿紧身裤以及质地柔软的长裙,这种长裙、直身裙会暴露较大的臀部以及大腿。(图 2-2-9)

图 2-2-9　A 型身材

2. H 型身材

H 型身材也可以称为 I 型身材、桶型身材、条型身材,即上下一样宽,尤其是三围的曲线非常不明显,胸部、腰部、臀部的尺寸是类似的。这种身材偏向中性,不是典型的女性的身材,主要在田径、排球运动员中常见。因此,H 型身材的女性需要通过服装来设置曲线,包括领口、腰部等位置。在进行服装搭配的过程中需要使用圆形、心形的领口,同时也可以通过褶皱、色彩以及其他的细节来制造身体的曲线。也可以通过短裙以及细腿裤来展现细腿。但是 H 型身材的女性不适合在腰部设置过多的装饰,尤其是宽腰带,也不合适宽松的毛织外套、厚实的夹克以及皮毛松软的大衣,避免使整体呈现桶型。(图 2-2-10)

3. O 型身材

O 型身材也称为苹果型身材,尤其是在腰腹部有大量的脂肪,腰围明显大于胸围和臀围。通常情况下,O 型身材的人的下肢相对纤细,但是腰腹部却非常浑圆。这种身材的人在穿衣的过程中非常适合单色衣服,同时也可以通过 V 领来拉长整体的躯干,还可以通过高腰带来打造腰部的曲线。但是,O 型身材不适合穿包身的上衣。(图 2-2-11)

图 2-2-10　H 型身材

图 2-2-11　O 型身材

4. X 型身材

X 型身材也称为沙漏型身材,这种身材的人胸部丰满、腿部丰满、腰部纤细,具有非常优美的腰线,因此,是一种相对完美的身材。X 型身材的人需要展现自身的曲线,展现自身的优势,可以通过合身的裙装来突出身体的曲线,也可以通过高腰裙、高腰 T 恤展现自身的优势,还可以在日常的服装当中使用腰带,提出整体的曲线效果。但是,X 型身材的人不适合宽大的衣服,应展示自身的线条。(图 2-2-12)

5. V 型身材

V 型身材与 A 型身材的人是相反的,V 型身材的人肩宽、臀窄、腿细,呈现倒三角的形状。V 型身材的人需要通过柔软的上衣来突出苗条的上身,也可以通过裁剪不明显、流动性强的上衣突出自己的线条。在选择衣服的时候可以选择裙子、苗条的裤型以及齐肘的短袖,无袖的衣服也是一种非常好的选择。V 型身材的人不适合过于方正的外套,避免双排扣的衣服,同时要避免牛仔裤。(图 2-2-13)

图 2-2-12　X 型身材

图 2-2-13　V 型身材

三、女性职场着装要求

服饰是人的第二张脸面,在职场中通过衣着给人一种干练、值得信赖的职业女性形象,是在办公场合取得职业认同的第一步。因为着装是一个人最表面、最显而易见的速写肖像。职场,是人的社会属性的从属区域,在职场中的一切行为将受到约束,需处理好个人着衣习惯与职业约束之间的关系。

所有适合职业女性在正式场合穿着的职业装裙式服装中,套裙是首选。它是西装套裙的简称,上身是女式西装,下身是半截式裙子。套裙分两种:一种是将女式西装上衣和裙子成套设计,制作而成的"成套型",也称"标准型";另一种是用女式西装上衣和随意搭配的一条裙子进行自由搭配组合的"随意型"。

目前,女士套裙一般为三种:及膝式、过膝式、超短式(白领女性超短裙裙长应不短于膝盖以上 15 厘米)。

(一)套裙各要素要求

面料上乘:平滑、润滑、光洁、柔软、挺括、不起皱、不起球、不起毛。

色彩宜少:以冷色调为主,标准型上下装为一色,随意型超过三种色,体现出典雅、端庄、稳重(黑色、深蓝色、灰褐色、灰色、暗红色等)。

图案忌花哨:无图案或格子、圆点、条纹、暗纹,点缀忌多。

尺寸合适:上衣不宜过长,下裙不宜过短。

款式时尚:在领形、纽扣、门襟、袖口、衣袋、下装裙子款式上的花样翻新、式样变化多端。

(二)套裙的配色

上衣有横向花纹时,下装不能有竖条纹或格子图案;上衣是杂色,下装应着纯色,反之亦然。正式职场场合的套裙为一色,纯色与纯色搭配时,可辅以小饰物进行搭配,避免过于死板,没有亮点。

(三)套裙的穿法

大小适度:上衣最短齐腰,裙子可达小腿中部,若腿形线条优美、匀称,裙长在膝盖上 2 厘米;反之,在膝盖下 2 厘米,以扬长避短;袖长刚好盖住手腕;整体不过于肥大、紧身。

穿着到位:衣扣要全部扣好,不允许随便脱掉上衣。

考虑场合:商务场合宜穿套裙,但休闲场合不宜穿着。

协调装饰:在装饰上要将着装、化妆、发式、配饰风格统一,缺一不可。

(四)套裙的配饰

穿着套裙时,相关配饰应符合以下规则:

(1)衬衣:面料轻薄柔软,颜色雅致端庄,无图案,款式简单保守。

(2)内衣、衬裙:不外露、不外透、颜色一致、外深内浅。

(3)袜子:套裙配长筒袜或连裤袜,忌光脚,颜色以肉色、黑色为宜,无破损,将一双肉色连裤丝袜放置在随身携带的手提包内,以备不时之需。

(4)鞋子:以 3~6 厘米的高跟、半高跟的黑色包头包脚的船式皮鞋为宜,不露脚趾或脚后跟,也可以选择与裙摆一致或颜色稍深的鞋子。

(5)手提包:宜选用与服装相配的颜色,不宜太小,以能装下 16 开或 A4 纸大小的文件为宜。

知识链接

女性在职场中常需出席一些商务宴请活动,这时的着装以礼服为主。女士礼服分为中式女礼服和西式女礼服。

中式女礼服主要是指旗袍。旗袍是由清朝八旗妇女所穿的长袍演变而来的,具有许多款式和花色,通常用绸缎面料制成并将具有中国元素的图案绣于其上。其主要特色通常为立领、盘扣、裁剪贴身、衣长过膝、两旁开衩、斜式开襟、曲线造型流畅等,能贴切、自然地勾勒出东方女性身材的婉柔之美。在正式晚宴等场合,旗袍的开衩不宜太高,裙长应长至脚面,并应配以高跟鞋或制作考究的绣花鞋。如果在半正式场合和休闲场合时,旗袍则还可配以披肩围巾、开襟毛衣等。

西式女礼服分为小晚礼服和大晚礼服。

小晚礼服又称小礼服,为一种质地高档、色彩相对单一的露背式连衣裙。其裙长一般为膝盖上下5厘米,衣袖有长有短,可搭配长短适当的手套或款式简洁、流畅的其他服饰,主要适用于日间或晚间举行的宴会、音乐会或典礼等场合。

大晚礼服又称大礼服,为一种低胸式的单色无袖连衣裙。其面料高档、垂感好,裙长及脚背或拖地,常配以同色系的帽子、薄纱长手套及其他饰物,可塑造典雅华贵的造型,凸显女性风韵。大晚礼服主要适用于晚间举行的各种正式的活动,如官方举行的正式宴会、酒会、大型交际舞会等。

四、男士职场着装礼仪

仪表服饰是人形体的外延,包括衣、裤、裙、帽、鞋、包等各类服饰,它们共同起着遮体御寒、美化人身的作用。我们可以通过着装、配饰来掩饰不足,扬长避短,创造视觉的仪表美感。在职场中的工作人员,在服饰上的注重不仅仅是美化自身,还展示着职业风度和组织形象,而男士的着装要表现出稳重、专业、令人信赖,多以全套深色西装为正式职场着装,表现规范、信任。

英国有句谚语"You are what you wear!"可见,英国绅士对着装的要求是非常苛刻的。男士在出席重要场合时,一般都要着正装,通常为西装。西装本身具有严谨的结构和特有的穿着规则,不同于其他便服可以"入乡随俗"随意改动,所以穿着西装必须"循规蹈矩"。每一位职场男士都应该熟悉西装的规则,穿出自己的职业素养。

(一)西装的款式类型

(1)按西装的件数来划分,西装分为套装西装和单件西装。套装西装分为两件套(包括上装和下装)和三件套(包括上装、下装和背心)。按照传统观点,三件套西装比两件套西装更为正规,在比较正式的场合,一般应穿着三件套西装。

(2)按西装的纽扣来划分,西装分为单排扣西装(包括单排一粒扣、单排两粒扣、单排三粒扣)和双排扣西装(包括双排两粒扣、双排四粒扣、双排六粒扣、双排八粒扣)。其中单排扣西装为一般场合所穿着,双排扣西装为正式场合、晚宴场合所穿着。最为正规的西装是单排两粒扣和双排四粒扣的西装,这两类比较多地用于隆重、正式的场合。双排八粒扣的西装比较少应用,在西方通常是参加葬礼时穿着。

（3）按后面开衩来划分,西装还分为后开衩和后不开衩,后开衩又分为后中开衩和两侧开衩。后中开衩又叫单开衩,是从西装后背中腰部位向下打开缝制10多厘米的缝,在西装后中缝左右叠压5厘米左右的宽度。两侧开衩,又叫双开衩,是从西装后背两侧刀片的位置向下形成10多厘米的缝。无开衩,就是没有以上两种开衩的常规西装款式,西装后背所有合缝都是从上到下缝制到底边的。在选择上,双开衩有很强的正式感,从外型上适合高大健壮宽肩的体型,因为后背开衩是将背部分为了上下两部分,从视觉上将体型进行了分割,所以不适合体型瘦小的人选择。而单开衩,相比双开衩而言,更休闲,对体型没有太多要求,只要臀围不是特别突出就好。

（二）西装的穿着方法

（1）西装上衣扣子扣法:单排扣子的西装穿着时可以敞开,也可以扣上扣子。原则是"扣上不扣下":单排一粒扣上衣,在正式场合应扣上,其他时间扣与不扣无关紧要;单排两粒扣的上衣应扣上上面一粒,下面一粒为样扣,可解开;单排三粒扣上衣扣中间的一粒,上下各一粒可不扣。双排扣的西装上衣则需要把全部扣子都扣上。双排扣的西装最早出现在美国,流行于意大利、德国、法国,但现在已经不太流行,也不多见了。三件套中的西装背心有六粒扣与五粒扣两种。六粒扣的最底下的那粒可以不扣,而五粒扣的则要全部都扣上。

（2）西装口袋:穿西装特别强调平整、挺括的外观,即线条轮廓清楚,服帖合身。这就要求上衣外侧口袋只作装饰,不可以用来装任何东西,但必要时可装折好的花式真丝手帕作为装饰放在胸前口袋。西装内侧口袋可以装票夹、名片、香烟、打火机等,但东西不可过多而影响着装的外形效果。裤兜和上衣口袋一样,不装物品只求裤型美观。如果需要携带一些必备的物品,可以装在提袋或手提箱里,这样既看起来整个人干净利落又能防止衣服变形。而且需要特别注意两手随意插在西装衣袋和裤袋里,也是有失风度的。

（3）衬衣:衬衫的第一粒纽扣,穿西装打领带时一定要系好,否则松松垮垮,给人极不正规的感觉。相反,不打领带时,一定要解开,否则给人感觉好像你忘记了打领带似的。特别注意的是打好领带的衬衫袖口的扣子一定要系好,而且不得将袖口挽起来,如果需要挽起袖口,可先将领带解开收好,并将第一粒纽扣解开,再挽起袖口。衬衫的下摆不可过长,而且下摆要塞入裤子里。不穿西装外套只穿衬衫打领带仅限于室内,正式场合是不允许的。衬衫的袖口一般在抬手时以露出西装袖口以外1~2厘米为宜。这样既美观又干净,但要注意衬衫袖口不要露太长。

（4）西裤:西装的穿着要给人挺拔的感觉,很注重线条美,所以西裤必须有一条笔直的中折线。西裤的长度以站立时,前能盖住鞋面,后能遮住1厘米以上的鞋帮为宜。这样坐下后才不会裸露腿部,让人感觉裤子短了一截。穿着时忌挽起裤管。

（三）西装的搭配要领

（1）线条与层次:穿着西装时切忌穿过多内衣。最多只能在衬衫外加一件"V"字领羊毛衫,否则会显得十分臃肿,破坏了西装的线条美感。衬衫领口应挺括、平整,不过于宽松,以合领后插入一个指头的宽度为宜,并高出西装衣领1~1.5厘米,衬衫袖口露出西装袖口约2厘米,这样既可以保护西装衣领和袖口,同时可以显示着装的层次美感。

（2）三色原则：男士在出入正式场合时穿着西装应遵循"三色原则"，即包括上衣、衬衫、裤子、领带和皮鞋在内，颜色不超过三种，否则给人不够庄重、杂乱无章的感觉，也不能过于单一，让人感觉单调。并且在西装颜色的选择上不能选择过于醒目和夸张的图案，宜选择单色，且颜色不宜过浅、明度不宜过高，一般黑色、灰色、深蓝色、藏青色较为适合正式场合。

（3）领带系法：领带是西装的灵魂，对西装穿着有着画龙点睛的作用，是男士衣着品位和风度的象征，正式场合穿西装都应系好领带。正式场合的领带以深色为宜，非正式场合的领带以浅色、艳丽为好。质地以真丝或羊毛为佳，可彰显西装的气质和档次。可选择单色或条纹、方格、圆点、菱形等几何图案。

领带的颜色一般不宜与服装颜色完全一致（除参加凭吊仪式时穿黑色西服系黑色领带外），以免给人呆板的感觉。

搭配原则：一是领带底色与西装可用同色系或邻近色，但二者色彩需深浅明暗不同，如米色西装可配咖啡色领带；二是领带与西装同是暗色，可做对比色，如黑色西装配暗红色领带；三是一色的西装配花色领带，但花领带上的一种颜色需与西装相呼应。

（4）细节把控：在西方国家，鞋子和袜子具有"脚步时装"和"腿部时装"之称，虽然不是关注的重点，但也能在细节上影响西装的整体美感。男士穿西装时，鞋子和袜子的颜色要与西装整体相协调，如穿浅色西装应搭配浅色鞋袜，穿深色西装则应搭配深色鞋袜，使鞋袜与西装形成整体美感。

在正式场合，男士一般穿着深色西装，应搭配黑色皮鞋，袜子则以黑色、深灰色、藏青色等深色为宜，切忌有醒目的花纹。男士的袜子的质地应以棉线为宜，长度要高及小腿，使男士在坐下后不露出皮肤，否则即为不雅观。黑色皮鞋能配任何一种深色西装，但棕色皮鞋除同色系西装外，不能搭配其他颜色西装。

另外，男士在穿着西装时西服外袋是合了缝的（即暗袋），千万不要随意拆开，可保持西装不易变形；西服袖口商标一定要剪掉。

在日常工作及非正式场合的社交活动中，男士也可穿西服便装。西服便装的上下装不要求配套一致。颜色上可上浅下深，面料上也可以上柔下挺。上衣可以是衬衫，也可以是套头衫或毛衣来搭配西裤。天气寒冷时，男士外出可以准备一件大衣或风衣，可在室外活动场合时穿着，但不在正式场合中穿着。

知识链接

男士在出席一些商务宴请的活动时，也应着礼服出席，男士礼服也有中式男礼服和西式男礼服之分。

中式男礼服主要包括中山装和唐装。

中山装是我国男士的传统礼服，一般由上下身同色同质的深色毛料精制而成，其前门襟有五粒纽扣，领口封闭且有风纪扣，上下、左右各两个贴袋，袋盖外翻并有盖扣，配以黑色皮鞋穿着，能使男士显得庄重、神气、稳健、大方。

唐装有广义和狭义之分。广义上的唐装是中式服饰的通称;狭义上的唐装是指清朝时中式服饰。唐装礼服通常是指狭义上的唐装。唐装是由清朝马褂演变而来的,主要使用锦缎面料制成。其主要特色是立式领型、连袖(即袖子和衣服整体没有接缝)、对襟、盘扣(即扣子由纽结和纽袢组成)。它既能体现传统文化韵味,又能体现西式立体剪裁,能使男士展现儒雅风范。

西式男礼服主要包括燕尾服、晨礼服、平口礼服和西装礼服。燕尾服又称大晚礼服,其特色是前短后长,前身长度及于腰际,后摆拉长、开衩,形如燕尾,裤子两侧有黑缎带。燕尾服通常应配以背心、白色手套和白色横领结,并可搭配胸针和领巾,以增加正式感和华丽感。

晨礼服又称为英国绅士礼服,较燕尾服更加正式。其特色是外套剪裁为流线型,胸前仅有一粒扣,上衣长与膝齐,充满了贵族感。晨礼服的正式穿法为外套、衬衣、长裤,搭配背心和领结。

平口礼服又称为王子式礼服,它不及燕尾服与晨礼服那般正式。平口礼服有单排扣和双排扣样式之分,裁剪设计类似于西装。其正式穿法是外套、衬衣、长裤,搭配领结和腰封。

西装礼服是在普通西装的基础上改良而来。西装礼服的正式穿法为外套、衬衣(或礼服衬衣)、长裤,搭配背心、领结或领带。

中华知识礼仪链接

君子不以绀緅饰,红紫不以为亵服。当暑,袗绤绤,必表而出之。缁衣,羔裘;素衣,麑裘;黄衣,狐裘。亵裘长,短右袂。必有寝衣,长一身有半。狐貉之厚以居。去丧,无所不佩。非帷裳,必杀之。羔裘玄冠不以吊。吉月,必朝服而朝。

——《论语·乡党》

....

君子不用深青透红和黑中透红的布作衣服的镶边,不用红色和紫色的布做家居的便服。在夏天,穿细葛布或粗麻布做的单衣,外出时一定要套上外衣。黑衣配黑色羊羔皮袍,白色衣服配白鹿皮袍,黄色衣服配狐狸皮袍。家居的皮袍,要做得长些,把右边袖子做短一点。睡觉一定要有被子,要一身半长。冬天把狐貉的皮做坐垫。服丧期满脱去丧服就可以佩戴各种装饰品。除了礼服用整幅的布,别的衣服都是剪开裁制的。不要穿黑色羊羔皮的袍子戴黑色礼帽去吊丧。每月的初一,一定要穿着朝服去朝见君主。

孔子一生都非常注重礼仪,他认为,"不重则不威"。一个人不庄重,就没有威仪。穿戴整齐是有文化有教养的外在表现,也是君子应该具备的礼仪,穿衣不是小事。他一向衣冠整齐端正,绝不容许帽斜衣歪,行礼时衣服弄一点点褶皱,马上拉平整,端正仪容,绝不允许衣帽不整。

任务二　配饰礼仪

微课12：配饰礼仪

微课13：领带的打法教学展示

微课14：丝巾的系法教学展示

案例赏析

子路盛服见孔子，孔子曰："由，是裾裾，何也？昔者江出于岷山，其始出也，其源可以滥觞，及其至江之津也，不放舟，不避风，则不可涉也。非维下流水多邪？今女衣服既盛，颜色充盈，天下且孰肯谏女矣？由！"子路趋而出，改服而入，盖犹若也。

——《荀子·子道》

子路非常崇拜孔子，所以特意穿着非常华丽的衣服去拜见孔子。在见到孔子的时候，孔子却问他："你为什么要穿这样的衣服呀？大江发源于岷山，它的源头水比较少，只能漂浮起一些小的酒杯，但是到了下游，如果人们不乘坐舟船不避开风浪，就不能渡江了，难道是到了下游水才变得多吗？今天你穿得这么华丽，颜色这样鲜艳，天下人谁肯给你一些建议呢？"子路听了老师的教诲，便急忙回家换了一套朴素的衣服。

孔子的衣服讲究色彩搭配的协调性、穿着的实用性、居家的舒适性、场合的得体性，因其巨大的影响力，奠定了中华民族服饰文化心理结构，值得现代人学习和借鉴。

配饰指的是人们在着装的同时所佩戴的装饰品。配饰分为服饰和首饰。服饰一般指鞋、帽、围巾、手提包、胸饰、腰饰等。首饰原指戴在头上的装饰品，现泛指耳环、项链、戒指、手镯等。在现代社会中，配饰成为服装最靓丽的点缀，可以起到画龙点睛的效果。配饰常常也被用来弥补着装上的不足，营造整体风采，传递个性特点、思想倾向。职场中的每一位人士都应该学习配饰的基本常识，使饰物的佩戴符合礼规，突显自己的职业素养。

一、职场人士配饰穿戴原则

（一）以少为佳

职场人士的饰物佩戴应以不妨碍工作为前提，同时又能衬托其优雅端庄的个人气质，起到画龙点睛的作用。佩戴饰品时，在数量上应以少为佳，一般佩戴两件即可，最多不应超过三件，过多的饰品除了让别人感觉你的炫耀和庸俗外，还降低了个人品位。

（二）同质同色

当佩戴两件以上的饰品时，应尽量选择质地相同、颜色一致、做工细致的饰物，力求样式简洁、造型美观、款式与质地相协调。切不可混搭一体，给人一种杂乱而缺乏亮点的感觉。

（三）扬长避短

饰品的佩戴要根据自身的特定选择，注意突出自己的优点，掩盖缺陷与不足。如脖子短而粗的人，不宜戴紧贴脖子的项链，而适合选择细长的项链，可以在视觉上拉长脖子。个子矮的人则不宜戴长围巾，会显得更矮。短而粗的手指不宜戴重而宽的戒指，戴窄戒反而能使手指显得细长些。

（四）协调搭配

配饰是服装整体上的一个环节，佩戴饰品时应注意饰品与服装的颜色、质地、款式和风格的协调，否则就会显得格格不入，影响服饰的整体美感。一般职场配饰以金、银、钻石、珍珠等来衬托服装的高档次，而休闲服则可以佩戴贝壳、木质、石头类的饰物突出个性。

（五）符合身份

配饰不仅需要根据个人爱好、性格来选择，更应该与个人的身份相符合，如年龄、性别、职业和工作环境等。如配饰进行性别区分中可以看到，女性配饰种类繁多，选择范围广，而男性能佩戴的只有戒指、腕表、领饰、袖饰等，故而男性配饰应少而精，花里胡哨的配饰会损害男子的阳刚之气。

（六）遵守习俗

佩戴相应配饰要了解并且尊重不同地区、不同民族在佩戴饰品上的风俗与习惯，明白所佩戴饰品所表示的语意含义。比如，在西方国家戒指的佩戴是有一定的规定的，戒指一般戴在左手，而且戴在不同的手指上所传递的语意是不同的。如戴在食指上表示无配偶想寻求恋爱对象或有求婚的意向；戴在中指上表示正在热恋中；戴在无名指上表示已经订婚或已经结婚；而戴在小指上表示自己是独身主义者，将终身不嫁（娶）；大拇指一般不戴戒指。现在流行的大的花戒只是装饰用而不表示任何意思。除一样饰物佩戴方式不一样有不同含义外，也有饰物在不同地区表示不同含义，比如在中国荷花图案的饰物给人清新高雅的感觉，但是日本的历史传统中，荷花一般被用来作为葬礼的配花，用来安放死者的亡灵。荷花在日本文化中被认为是死亡的象征，所以在日本职场中不使用荷花的图案。在职场中应讲究各地各民族不同的配饰礼仪规范，以免造成误会。

总之，饰品的佩戴要根据不同的情况合理搭配，以达到既创造和谐统一、富有层次的艺术效果，又体现个人审美修养和礼仪修养。

二、职业女性配饰的选择和佩戴

在职场中，女性除了需要注意服装的选择与搭配之外，还需要注意自身服饰、脸型、年龄、季节、场合等因素佩戴合适的饰品，以突显自身的职业素养和个人品位。

（一）丝巾

在社交场合使用的丝巾可以是边长 60 厘米左右的小方巾，也可以是边长 90 厘米左右的大方巾以及长丝巾。

1. 丝巾的选择

（1）面料：多为丝绸、真丝等，通常以丝绸为首选。

（2）颜色：可以与服装颜色为同一色系，也可以与服装颜色成对比色，但应与服装相协调，并与着装者的肤色、气质相配。通常，若丝巾贴近面部时能使着装者显得健康、精神，则可认为丝巾与佩戴者相配。

（3）图案：可以无图案，也可以有条纹、方格、碎花等简单图案。

2. 丝巾的系法

我们以小方巾为例来讲述丝巾的系法。常见的丝巾系法有基础结、三角巾结、V字结、项链结和围巾结等。

（1）基础结：适用范围较广，其特色是能系出一个十字形的结。

（2）三角巾结：很适合圆脸型的人，其特色是在颈后打结，并在颈前留出一个三角形，强调视觉上的纵向感，能使佩戴者的脸部轮廓看起来消瘦一些。

（3）V字结：V字结较适合倒三角脸型和方脸型的人，其特色是在颈前呈现一个V字形，使颈部充满层次感。

（4）项链结：项链结适合长脸型和倒三角脸型的人，其特色是能够在颈前呈现一个类似于项链的结，使佩戴者显得高雅、干练。

（5）围巾结：围巾结适合方形脸的人，其特色是能在颈前或颈部一侧打出层次感较强的花结，并打破佩戴者脸型的方正走向，为佩戴者的脸部增添柔美感。

（二）戒指

戒指是一种经典的装饰品，女性在佩戴戒指时，应注意选配与自己手型相配的戒指。戒指一般佩戴在左手，而且数量上最多不应超过两枚，最好是一枚符合身份与服装相配的戒指。女性戴两枚戒指时，通常应戴在左手两个相邻的手指上，或戴在两只手对应的手指上。一般来说，佩戴戒指应遵循以下规则：

手掌瘦长、手指纤细者：可佩戴粗线条戒指，也可佩戴精巧的细戒指。

手掌宽大、手指粗短者：宜佩戴粗线条戒指，不宜佩戴细戒指。

手指粗短、关节突出者：宜佩戴不规则造型的戒指，如"V"字形戒指。

手掌窄小、手指较细者：宜佩戴玲珑的细戒指，不宜佩戴粗大的戒指。

（三）头饰、帽子

头部饰物在职场中以少而精致为宜，并根据服装的颜色进行搭配。太过闪耀亮眼的不适合正式的场合，会将对方的注意力集中在发饰上，可以用在宴会中。

女士的帽子在职业装当中以装饰功能为主，西方更注重帽子的搭配，我国一般职场中女士戴帽子较少，制服中配帽子较多。一般搭配会选择与服装颜色一致的帽子，或者在服装颜色中选择其中一种颜色作为帽子的颜色。帽子也能帮助扬长避短，比如：圆脸适合戴宽边高顶的帽子，窄脸适合戴窄边的帽子，戴眼镜的女性不适宜戴有花饰的帽子；身材矮小的女性，应戴顶稍高的帽子。

（四）胸针

胸针又被称为"胸花"，是一种装饰在胸前镶有珠宝、水晶等材料的别针。一般佩戴的高度是从上往下数的第一粒与第二粒纽扣之间。在选择胸针时一定要考虑到服装的类型、颜色、面料，还有自身的体型和脸型，比如：个子矮小的女性适合选择小一些的胸针，佩戴时部位可以稍微高一些;个子高大的则可以选择大一点的胸针,佩戴时位置也可以低一些。穿着的服装不同位置也不同,穿着职业西装套裙时,应别在左侧领上,穿无领上衣时,则应别在左侧胸前。发型偏左,胸针应居右,发型偏右,胸针宜偏左,应展现服饰的协调美感。

（五）项链

女士戴项链一定要适合自己的脸型、体型和服装款型。项链的造型、长短和色彩可以调节视线。女士在选用项链时,应遵循以下规则:

与服装相呼应:项链的造型与色彩应当与佩戴者的着装相呼应。例如穿飘逸的连衣裙时,宜佩戴精致、细巧的项链;穿单色或素色的衣服时,宜佩戴色泽单一而鲜明的项链。

与脸型相符:项链的造型与长短应当与佩戴者的脸型相搭配。例如,尖脸型的可选用细的项链,项链不宜过长,否则会显得脸更长。方脸型或圆脸型的人,体态大多比较丰满,可选用较长一些的项链。

与年龄相吻合:项链的材质应当与佩戴者的年龄相吻合。例如,高雅华丽的珠宝项链一般适合中年女性佩戴;造型独特的木制品、玻璃制品、陶艺制品等工艺类项链一般适合年轻女性佩戴。

与个性相符合:项链的吊坠应与佩戴者的气质、个性相符合。例如,椭圆形的吊坠一般适合个性成熟的女士;菱形、方形的吊坠一般适合个性独立的女士;小动物形状的吊坠一般适合个性活泼的女士。

与场合相协调:项链的款型应与佩戴者所参与的场合相协调。例如,在一般社交场合,宜佩戴精致、淡雅的项链;在正式的宴会、舞会等场合,宜佩戴华丽、闪耀的项链。（图2-2-14）

图 2-2-14　项链

（六）耳环

耳环是女性的主要首饰,其使用率仅次于戒指。佩戴时应根据脸型特点来选配耳环。如圆形脸的人不宜佩戴圆形耳环,会加强"圆"的感觉;方形脸的人也不宜佩戴圆形和方形耳环,这样既增加了横向视觉,又使人感到脸部轮廓的棱角过于硬朗,缺乏了女性的柔美。所以圆形脸的人宜佩戴链式耳坠;方形脸的人宜佩戴小耳环或耳坠;长形脸的人宜佩戴较宽大的耳环。

但需要注意的是职场中女性不应戴夸张的、过分展现个人魅力的、过分艳丽奇异的耳环。

（七）手表、手镯、手链

在职场中，为增加干练的气质，以及方便对时间的掌控，很多女性会在手腕处选择戴手表。手表的样式可以不必复杂花哨，以简洁大方为主。在工作中及商务中应佩戴一块正装表，其中机械表和皮革表都是不错的选择，机械表较为经典，皮革表则时装味浓一些，但两者都适合与正装、商务装搭配，深色系的服装与机械表、皮革表相搭配，会取得和谐的效果。在日常休闲的社交场合中，可以使用一款休闲表，建议选择一些设计简单、大方的款型，表带为皮革样式的，增加休闲感。宴会和派对则可以选择珠宝表，高雅的表款，加上时尚华丽的璀璨钻饰，一定能让你成为全场瞩目的焦点，而手镯和手链一般用于宴会场合，做点睛之笔。

（八）包

女性皮包的种类繁多，并一直在变化中，突显了女性对时尚的敏感程度。女性穿套装或套裙时选用一款合适的皮包，可用以携带随身物品并发挥装饰作用。皮包的面料最好为皮质；颜色应与自身肤色、服装、年龄及季节相搭配，咖啡色、黑色、驼色、米色等中性色通常为百搭色彩；款式应与自身身型相协调。一般而言，身材高大者宜用大提包，身材矮小或苗条者宜用中、小提包，身材丰满者忌用圆形包。

（九）香水

香水的种类非常多，根据香精含量的高低，香水可分为浓香型、清香型、淡香型和微香型。一般而言，选择香水应遵循以下规则：在办公室、会议室、车厢等相对封闭的空间，宜选择淡香型香水，而不宜选用气味浓郁的香水，以免四处散发的香气分散他人的注意力，影响他人情绪；在餐厅，宜选择淡香型或微香型香水，并将香水涂抹在腰部以下，以免影响他人的食欲；在晚宴上，可选择浓香型香水，以增添个人魅力；在非封闭的场合，宜选择清香型香水。

在使用香水时应当注意以下事项：

（1）宜用"点"（滴一滴）的方式使用浓香型香水，用"线"（抹数滴）的方式使用清香型香水，用"面"（喷洒）的方式使用淡香型和微香型香水。

（2）一般而言，浓香型香水可以擦于脉搏跳动处，如耳后、手腕内侧、膝后等；清香型、淡香型和微香型香水可以自由地涂抹或喷洒在脉搏跳动处、干净的头发（切勿有尘垢或油脂）上、衣服里、裙摆两边等。

（3）不可直接将香水洒在棉质、丝质面料的衣服上，以免香水在上面留下痕迹。同时，也不可直接将香水洒在皮毛面料上，以免香水损害皮毛或改变皮毛的颜色。

三、男士配饰的选择和佩戴

（一）领带、领结

领带是西装的灵魂，能起到画龙点睛的作用，也是男士衣着品位和风度的象征，正式场合穿西装都应系好领带。

1. 领带的选择

为彰显西装的气质和档次,男士在选择领带时,一般应注意以下几个方面:

(1)面料:最好是真丝,也可以是涤纶长丝或纯毛料。

(2)颜色:应与衬衫、西装的颜色相称,蓝色、灰色、棕色、黑色、紫红色等色均为理想的领带颜色。

(3)图案:可以无图案,也可以具有斜条纹、圆点、方格等规则几何形状的图案,但不可过于花哨。

(4)质量:质量优良,即具有平整、美观、无跳丝、无疵点、不易变形、悬垂挺括等特点。

2. 领带结

领带最重要的部位是领带结。打好的领带结应呈挺括、端正的倒三角形,且大小与衬衫衣领大小成正比。领带结的常用结法有简式结、温莎结、蝴蝶结、交叉结、双交叉结等。

简式结:适用于质地较厚的领带,打在标准式及扣式领口衬衫上,多在商务旅行时使用。其特点在于先将宽端以180°由上往下扭转,并将折叠处隐藏于后方完成打结,待完成后可再调整其领带长度,在外出整装时方便快捷。常见的简式结(马车夫结)在所有领带的打法中最为简单,尤其适合厚面料的领带,不会造成领带结过于臃肿累赘。

温莎结:温莎结是因温莎公爵而得名的领带结,是最正统的领带打法。温莎结打出的结呈正三角形,饱满有力,适合搭配宽领衬衫。该结应多往横向发展,避免材质过厚的领带,也勿打得过大。宽边先预留较长的空间,绕带时的松、紧会影响领带结的大小。

蝴蝶结:在19世纪末,蝴蝶型和蝙蝠翼型的蝴蝶结已经随处可见。蝴蝶结是从三角领巾结发展而来的,这种领结的产生源于对领巾携带的轻便性的追求,这样就能在一天的活动中更灵活方便。蝴蝶结适合所有人,主要在正式场合中使用,但在日常使用上越来越普遍。黑色蝴蝶结用以搭配晚礼服夹克,而白色蝴蝶结则搭配燕尾服。

(二)领带夹

领带夹应在穿西装时使用,也就是说仅仅单穿长袖衬衫时没必要使用领带夹,更不要在穿夹克时使用领带夹。穿西装时使用领带夹,正确的领带夹的用法应该是将其别在特定的位置,即从上往下数,在衬衫的第四与第五粒纽扣之间,将领带夹别上,然后扣上西装上衣的扣子,从外面一般应当看不见领带夹。

(三)手表

在职场所戴的手表,手表的造型应当庄重、保守,避免怪异、新潮。手表一般被视同首饰,对于平常只需戴戒指一种首饰的职场男性来说,更是备受重视。在西方国家,手表与钢笔、打火机曾一度被称为成年男人的"三件宝",是每个男性不可离身之物。选择手表时,一般应注重其形状、颜色、图像、功能等方面。

(1)形状。手表的形状一般与其身价、档次有关。在正式场合所戴的手表,在外型方面应当庄重、保守,避免奇怪、新潮。一般而言,正圆形、椭圆形、正方形、长方形以及菱形手表,因其外形庄重、保守,适用范围极广,特别适合在正式场合佩戴。

（2）颜色。选择在正式场合所戴的男士手表，其颜色应力戒冗繁凌乱，一般宜选择单色手表、双色手表，不应选择三色或三种颜色以上的手表。金色表、银色表、黑色表，即表盘、表壳、表带均有金色、银色、黑色的手表，是最理想的选择。金色表壳和表带、乳白色表盘的手表，也能经得住时间的检查，在任何年代佩戴都不会过时，适用范围极广，特别适合在正式场合佩戴。

（3）图像。除数字、商标、厂名、品牌外，手表上没有必要呈现其他没有任何作用的图像。选择运用于正式场合的男人手表，尤其需要谨记此点。倘若手表上图像稀奇古怪、多种多样，不只不利于运用，反而有可能招人笑话。

（4）功能。记时，是手表最主要的功能。因此，正式场合所用的男士手表，不管是指针式、跳字式还是报时式，都应具有这一功能，而且应当精确到时、分，能精确到秒则非常好。只精确到时的手表，显然不符合需求。有些附加的功用，如温度、湿度、风速、方向、血压、步速等，均可有可无，而且以无为好。总之，男士手表的功能要少而精，并且要有实用价值。

（四）公文包

一款适合职场男士的公文包，必须拥有优质的选材，大方、简约的设计，以凸显男性的阳刚之气，而又不失时尚、优雅的外在魅力。在选择时，第一，需要考虑整体着装搭配，一般来说黑色或咖啡色公文包最为百搭。黑色公文包配深色衣服，黄色或咖啡色公文包配浅色衣服，都是最好的搭配。第二，选购的公文包最好与身材特性相适应。身材肥胖的，选择竖款公文包，看起来协调一些，也很有绅士风范。相反，身材瘦小的，选择横款较好。除外在的搭配，公文包的选择还要考虑功能的实用度。公文包的功能并非越多越好，要考虑实用、耐用、舒适等多个方面。首先，公文包的容量要足够大，能装得下 A4 纸大小的文件、手提电脑及其他物品。如果你平时不需经常携带手提电脑，可选择竖款的公文包。而在皮料上，职场男士挑选公文包最好选择皮质柔软易打理的头层牛皮材质。从实用角度看，最好选择手拎/肩背两式的公文包，以便于携带。一款符合身份和职业的公文包，可以给男士在职场中的个人魅力加分不少，每一位职场男性都应该学会使用公文包这张隐形名片。

（五）围巾

冬季，围巾可以配大衣，有御寒的作用，但也可以突显其装饰作用。首先在面料的选择上，男士的围巾以纯毛料、人造毛织物为主，不选女士的绢丝之类轻薄的面料；第二色彩应选灰色、棕色、深酱色或海军蓝色，搭配时需注意整体的协调，不要太过突兀。

项目小结

不同的场合需要表现不同的精神风貌，不同的着装衬托出了不同的气质风格，职业装的搭配应注重整体的搭配效果，风格统一。在搭配饰品时也应注意搭配的技巧，让自己能因点缀而更出彩。

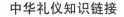

中华礼仪知识链接

君子无故,玉不去身。

——《礼记》

....

君子如果没有特殊原因,不让佩玉离开身体。人因玉晶莹温润,象征人的美德,常用以制作礼器或饰物。古代礼俗,君子如遭遇不幸事故,总要随身佩戴玉佩。君子佩戴玉佩可以检点自己的行为动作是否合礼,同时也是一种有德的象征。

复习思考

1. 什么是 TPO 原则?
2. 男士西装的搭配要领有哪些?
3. 简述职业着装的原则。
4. 职场人士配饰搭配有什么注意事项?

实操训练

1. 实训内容:课程前期准备中要求全班同学穿好职业套装,并进行饰品的搭配,课程中小组成员之间互相观察,指出小组成员职业服饰的搭配问题,并提出改进意见。

2. 实训过程:

(1)以 3 ~ 5 人为一小组,制作职业着装要求判断表格,根据小组成员的实际服饰搭配进行判断,点评优点和错误,并提出改进意见。

(2)以小组为单位,根据诊断结果,提出各成员着装及配饰的要求,并对本小组 1 ~ 2 位组员进行实际服饰搭配,再讲解与分析搭配思路。

(3)各组互评,教师点评。

实训项目	操作流程	操作方法和要求	实训考核			
			个人自评（20%）	小组互评（30%）	教师评分（50%）	总分
服务人员制服穿搭训练	标准	1.穿着统一制服 2.佩戴职业标志				
	洁净	1.定期或不定期进行换洗，一旦发现被弄脏，应尽快进行换洗； 2.与之配套的内衣、衬衫、袜子等也应勤换洗，皮鞋保持干净、光亮。				
	平整	1.在换洗职业装后必须将其熨烫平整； 2.外衣口袋内不宜放入过多物品。				

项目 三

仪态礼仪

引言：一个人的仪表、仪态，是其修养、文明程度的表现。古人认为，举止庄重，进退有礼，执事谨敬，文质彬彬，不仅能够保持个人的尊严，还有助于进德修业。古代思想家曾经拿禽兽的皮毛与人的仪表仪态相比较，禽兽没有了皮毛，就不能成为禽兽；人失去仪礼，也就不成为人了。仪态是一个人在行为中的姿势和风度，是一种不出声的"语言"，能在很大程度上反映一个人的内在品质、知识能力和个人修养。一个人的一举一动、一颦一笑，说话的声音、对人的态度等都能反映出这个人的仪态美不美。

【教学目标】

1. 了解站、行、坐、蹲、鞠躬等各种仪态礼仪要领。
2. 掌握服务过程中各种仪态礼仪规范。

任务一　站姿礼仪

微课15：站姿
礼仪

导学案例

进京高铁动姐练站姿　每天站两小时

重庆至北京高铁车型为 CRH380AL 型高速动车组，有"地面航班"的美誉。列车由16 节车厢组成，定员为 1061 人，设有商务座、一等座、二等座等多种座席。该车配备 2 名乘务长、7 名乘务员和2 名餐车员。

重庆直达北京的高铁就要开通了，高铁上的女乘务员是如何练成的？昨天，《重庆晨报》记者打探得知，她们都是从动车和普速列车上选拔出来的，在经过服务礼仪、设备设施使用、服务流程、应急处置等岗前适应性培训后才能正式上岗。练站姿，双腿夹张白纸，站姿要挺胸收腹、双肩下沉，身体才自然挺直。这样的站姿培训每天要坚持一两个小时。练笑容要对着镜子笑，还要咬着筷子，露出 6 ~ 8 颗牙齿，这样看上去才文雅。面对乘客要有微笑，即使乘客有不合理要求，乘务员也要微笑面对。与乘客交谈要保持 45°角，在动车、高铁上，对乘务员要求靓、柔、细、巧、韧，如何才能达到这个要求呢？在与乘客交谈时，乘务员要身体略倾，保持 45°的角度。这样的姿势，乘务员每天要培训半小时到一小时。蹲姿、鞠躬、端茶倒水、泡咖啡、调酒等服务都要进行培训。如果遇到紧急情况，乘务员还要及时组织乘客疏散，这方面也要进行严格培训。

（《重庆晨报》）

．．

思考：高铁服务人员为什么要严格训练站立姿势？

一、站姿礼仪

站立是人最基本的姿态，能呈现一种静态的美。站立姿态应该端正、自然、亲切、稳重。例如，高铁塑造大方的高铁乘务形象，站立是最常用的一种姿态，但站得挺拔且有职业气质却不容易,需要经过训练和练习,才能体现良好的职业形象。

站姿的基本要求:

头正:目光平视,颈部挺直,下颌微收。

肩平:双肩舒展、放平,自然放松,稍向后下方下沉。

臂垂:双臂放松,自然下垂于身体两侧,手指并拢、自然弯曲。

挺胸:后背挺直,胸部直挺舒展。

收腹:应收紧腹部,腰部挺直,保持肋骨上升的姿态,自然呼吸。

提臀:臀部肌肉向内、向上收紧,使臀部有结实感。

腿直:双腿挺直,双膝紧贴,腿部肌肉向内收紧,身体重量平均分布于两脚,重心不能落在脚尖或者脚跟的任何一边上。(图2-3-1、图2-3-2)

图 2-3-1　基本站姿正面

图 2-3-2　基本站姿侧面

二、女性站姿礼仪

(一)服务站姿

如果客户去某酒店用餐,门口的引领员站得像军训时挺拔军姿一样,估计客户会以为自己走错了地方,因为过于严肃的站姿在服务场合很容易给客户以不易接近和交流的感觉。同样,如果一个银行女职员在接待客户或与同事交谈时两手插在裤兜里,也会大煞风景,因为这会让人有不规范、不职业的感觉,甚至会质疑她的业务能力。因此,服务人员的站姿应是大方得体的。

站立时应该姿态端正,自然,亲切,稳重。塑造大方的服务形象,站立是最常用的一种姿态,但站得挺拔且有职业气质却不容易,需要经过训练和练习,才能体现出良好的职业形象。

服务人员在工作场合的站姿可以传达很多信息,比如工作的专业性、敬业意识、职业素养

图 2-3-3　站姿

和专业操守,这些有时通过一个站姿就能体现出来。女士的站姿要柔美,以体现女性娴静、优雅的韵味。

自然挺拔站立,双臂自然下垂,双手虎口相交叠放于身前(小腹的位置),右手在上左手在下,手掌尽量舒展,两手服帖成自然的弧度,不能僵硬地重叠在一起,那样看上去会很做作刻意,手指伸直但不要外翘,这样的站姿会传达一种有专业素养的感觉。(图2-3-3)

(二)礼宾站姿

自然挺拔站立,将双臂自然下垂,双手虎口相交叠放于腰际,右手在上左手在下,拇指可以顶到肚脐处,手掌尽量舒展,两手服帖成自然的弧度,让别人可以看到女性修长纤细的手指。双手不要僵硬地重叠在一起,手指伸直但不要外翘,这样能够体现出职业特点,又能够恰到好处地表现女性的优美。(图2-3-4)

(三)交流站姿

自然挺拔站立,挺直的脊背总是会彰显女性的优美身材和端庄的气质,然后右手轻握左手放在腰际,手指可自然弯曲,这样的站姿看上去比较轻松自然,但又不过分随意。(图2-3-5)

图 2-3-4　礼宾站姿

图 2-3-5　交流站姿

当然女士的站姿不只手部位置会变化,脚的姿势也是可变化的,如"八字步""丁字步"。

知识链接

仪态美的标准

1. 文明大方

文明大方要求服务人员的仪态讲究礼貌,体现修养,能够给客户带来美好的视觉享受。不要当着客人的面擤鼻涕、掏耳朵、剔牙齿、修指甲,以及打哈欠、咳嗽、打喷嚏,实在忍不住,要用手帕捂住口鼻,面朝一旁,并且不要乱丢果皮纸屑等。这虽然是一些细节,但它们组合起来就构成了顾客对你的总体印象。

2. 端庄自然

端庄自然要求服务人员的仪态端庄大方、训练有素,不做作。服务人员需要通过仪态服务体现规格和品质,经过良好训练呈现出的仪态应是自然的美感,而不是婀娜多姿或者刚硬有力。好的仪态是不惹人眼球的,但是能够潜移默化地带给人愉悦舒服的感受,从而对服务产生信赖之感。

3. 优雅得体

优雅得体要求服务人员的举止不仅文明自然,而且要能够给客户带来美的享受,这是高层次的要求。所谓优雅得体就是建立在美观耐看的基础上的,有些强调服务品质和档次的企业,服务人员高雅的仪态是尤为重要的。现在很多服务人员有一个误区,认为:"人们是如此不拘礼节,灵活随和,服务人员过分讲究礼仪会使客户产生距离感,应该顺势应变。"其实客户是需要一个载体来体会服务的绝妙之处,比如大方职业的仪表、端庄自然的举手投足、热情文雅的服务语言都能给客户带来享受。服务礼仪的规格和品质需要与服务环境、客户群体密切相关,因此,服务礼仪并没有唯一的定式,它需要根据客户的需求不断地变化和调整,但无论怎样,客户都欣赏并喜欢那些令人赏心悦目的服务举止。

4. 体现尊重

仪态敬人就是要求服务人员的仪态举止能够传达对客户的尊重之情。讲究仪态不是为了让客户欣赏某个服务人员多么美丽,本质是为了通过优雅得体的行为向客户传达尊重之情。

5. 男女有别

男性的仪态举止要体现"阳刚之美"。"刚"是男性的气质,即便在服务场合,男性的举止动作也要有力度,比如站立时可以双腿分开彰显自信和宽广的胸怀,如果男性在工作场合长时间双腿并拢站立,则会给人以拘谨、小家子气的感觉。因此男性的仪态要求和女性是不同的,要让其表现出男性刚劲、强壮、英勇和威武之貌。这一点从男性握手的力度、站立时的手势都可以看出不同,客户欣赏的也是富有男子汉气质的服务人员。女性的仪态举止则强调优雅得体,虽不需要婀娜多姿,但亦要呈现出女性的端庄、温柔、轻盈、娴静之感,流畅、柔和,但是不能做作,或是搔首弄姿,职业人士应该呈现的是落落大方的举止风貌。

从仪态了解人的内心世界,把握人的本来面目,往往具有相当的准确性与可靠性。举止并不是单独出现的,往往我们说这个人有气质时,举止、谈吐就成了重要的指标,一个有文明举止的人,可以给人一种好感。要重视你的举止礼仪,养成良好的习惯,克服各种不雅举止。播下行为的种子,你会收获习惯;播下习惯的种子,你会收获性格;播下性格的种子,你会收获一生的命运。

图 2-3-6　服务站姿

三、男性站姿礼仪

（一）服务站姿

两脚跟相靠，脚尖展开 45°～60°，身体重心主要支撑于脚掌，两腿并拢直立，腿部肌肉收紧，大腿内侧夹紧，髋部上提。脊柱、后背挺直，胸略向前上方提起。两肩放松下沉，脖颈挺直，双目平视前方。（图 2-3-6）

（二）交流站姿

双手交叉握于腹前，右手握住左手，两腿自然分开，两脚距离约半步（20 厘米左右），身体重心落于两脚之间，脚部疲惫时可让重心在两脚上轮换，这种站姿显得郑重而略显自由，常适用于一般社交场合。（图 2-3-7）

（三）礼宾站姿

双脚平行不超过肩宽，腿部肌肉收紧，大腿内侧夹紧，髋部上提。脊柱、后背挺直，胸略向前上方提起。双手交叉置于背后，右手自然贴于背部并握住左手腕，两腿自然分开，两脚距离不超过肩宽，两脚尖呈 V 或平行步。（图 2-3-8）这种站姿略带威严，适用于较为正式、严肃的迎送场合。

图 2-3-7　交流站姿

图 2-3-8　礼宾站姿

四、站姿训练方法

将身体靠墙壁站立，让后脑勺、脊背、臀部、小腿和脚后跟成一条直线，后脑勺靠墙，下颌微微收回，把双腿绷直尽力贴靠在墙壁上。脚后跟抵住墙壁，可以尝试把手掌塞在腰和墙之间，如果刚好塞进去就是非常合适的站姿；如果塞进去空隙太大，可把手一直放在背后，然后屈腿慢慢蹲下,直到腰与墙之间的空隙刚好可以放一只手,就站直,寻找站立时挺拔的感觉。

找到感觉后要经常练习,坚持不懈才能够有挺拔的身姿,好的仪态绝对不是一朝成就的。

知识拓展

如何从站姿看性格

背脊挺直、胸部挺起、双目平视地站立:说明有充分的自信,给人以"气宇轩昂""心情乐观愉快"的印象,属开放型。

弯腰曲背、略现佝偻状的站立:属封闭型,表现出自我防卫、闭锁、消沉的倾向,同时,也表明精神上处于劣势,有惶惑不安或自我抑制的心情。

两手叉腰而立:是具有自信心和精神上优势的表现,属于开放型动作。对面临的事物没有充分心理准备时绝不会采用这个动作的。

双腿交叉而立:表示一种保留态度或轻微拒绝的意思,也是感到拘束和缺乏自信心的表示。

将双手插入口袋而立:具有不袒露心思、暗中策划、盘算的倾向;若同时有弯腰曲背的姿势,则是心情沮丧或苦恼的反应。

靠墙壁而站立:有这种习惯者多是失意者,通常比较坦白,容易接纳别人。

背手站立者:多半是自信力很强的人,喜欢把握局势,控制一切。一个人若采用这种姿势在人面前,说明他怀有居高临下的心理。

五、常见的不良站姿

对于服务行业来说,站立时最忌讳以下行为。

(一)东倒西歪

工作时东倒西歪,站没站相,坐没坐相,很不雅观。

(二)耸肩勾背

耸肩勾背地靠在墙壁或者椅子上,这些都会破坏自己和企业的形象。

(三)双手乱放

将双手插在裤袋里,随随便便,悠闲散漫,这是不允许的。

(四)脚位不当

人字式、蹬踏式、双腿大叉开都是不允许的。

(五)做小动作

下意识地做小动作,如玩弄衣角和发辫、咬指甲、抖腿等,这样不但显得拘谨,给人缺乏自信的感觉,还有失仪表的庄重。

站立是人体最基本的也是最重要的姿态,不良的站姿会影响体内血液循环,可能会压迫内脏,导致消化不良,并可导致胃、肺机能变差。反应在形体上,会造成驼背、垂胸、下腹肥胖等;反应在外貌上,会出现眼睛模糊无神、皮肤暗淡无光。站姿是良好行走姿态以及得体坐姿的基础,所以良好的体态也是从站立开始的。古话讲,人要"站如松,坐如钟,走如风,卧如弓",其将站姿放在第一位,可见站姿对一个人是多么的重要。这也是我们在与人交往时的一张名片。

中华礼仪知识链接

"立如齐,立勿跛,中门不立"。

——《礼记》

在古代,站立必须不跛不倚,取立正姿势,而且,不能站在门的中间,还要求人站如松。古人接受别人的礼物时,必须站着,不可坐着。

任务二　行姿礼仪

微课16:行姿礼仪

案例导学

美丽的行走

高铁乘务是一份高度紧张而又周密细致的工作,出发前,乘务员们身着制服,优雅整齐地走入等候在铁轨上的高铁列车,飒爽的英姿吸引了无数乘客的目光。列车行进中,她们全程站立或行走巡视自己负责的车厢,时刻关注是否有旅客需要帮助……穿着高跟鞋稳稳当当地在时速近300公里的高铁上行走,举手投足都要保持仪态,要做到这一点并不简单。一般情况下,每名列车员负责4节车厢,每趟车需要走20多公里。行走的服务,这是高铁乘务员必须遵守的服务宗旨。

思考:如何在高铁上走稳?

一、行姿与性格

长期以来,直立行走被认为是人类出现的标志之一,是从猿到人转变过程中"具有决定意义的一步",是每个人需要具备的基本技能。坐、立、行是我们生活中经常发生的动作。一个人的站姿、坐相、行姿,能够恰当反映出他对生活及人生的态度,也是一个人心境的外在体现。

通过行姿能判断出一个人的处事风格和大概的性格特征。用大踏步的方式走路的人,一般身体非常健康;走路姿态非常柔弱的人,就算体格健壮但是其精神一般较衰弱,意志力不坚强;拖着鞋子走路的人,或者鞋跟磨损较严重的人,缺乏积极性,不喜欢变化,消极悲观;以小快步伐行走的人一般性情急躁;走路抬头挺胸,步伐稳健,说明自信、干练;走路动作僵硬的人,一般处事不圆滑,为人呆板;走路左右摇摆的人,一般遇事没主意,办事没主见。

所以,平时就要注意自己的姿势,逐渐培养自己的风度。正确的行姿能够体现一个人积极向上、朝气蓬勃的精神状态。

案例赏析

有什么紧急情况吗?

一天,动车快到站了,乘务员张小楠一路小跑着去开车门,引起了许多乘客的惊慌,纷纷跟在她后面涌向车门,以为动车发生了什么紧急情况。

思考:这位服务员的动作出了什么错?

分析:走姿能够反映出一个人的心理状态,高铁乘务人员在工作期间要保持步态稳健优雅,不能跑步,以免引起不必要的恐慌。

二、规范行姿标准

行姿是一种动态的姿势,是立姿的一种延续,行姿可以展现人的动态美。行姿的基本要求是"行如风"。

正确的行姿基础是正确的站姿。走路时,上身应挺直,头部要保持端正,微收下颌,两肩应保持齐平,应该挺胸、收腹、立腰。双目也要平视前方,表情自然,精神饱满。行走要有节奏感,双脚平行,跨步均匀,步伐稳健,步履自然,臀部、腰部随腿脚自然摆动,身体各部位之间要保持动作和谐,使自己的步调一致,显得优美自然。

(一)规范行姿分解动作要领

1. 第一步:准备动作要领——保持标准站姿

(1)头正:双目平视前方,微收下颌,表情自然平和。

(2)肩平:两肩应保持齐平。

(3)躯挺:上身挺直,收腹立腰,重心稍微向前,双手自然垂放大腿两侧。

2. 第二步:起步要领——方向明确

起步时两脚脚尖略开,保持脚跟先着地,重心放在前脚掌,必须保持明确的行进方向,不要突然转向,更不能突然翻转身。

3. 第三步:行走要领——步态优美

行路时步态是否美观,取决于步度、步位、步幅、步速和步韵。(图 2-3-9)

(1)步度:行进时前后两脚之间的距离。在通常情况下,男性的步度大约为 25 厘米,女性的步度大约为 20 厘米。

(2)步位:行走时脚落地的位置。行路时最佳步位是两脚踩在同一条直线上,并不走两条平行线。女性走路之时,倘若两脚分别踩两条线走路,是有失大雅的。

(3)步幅:步幅是前脚的脚后跟与后脚的脚后跟之间的距离,一般而言行进中迈出的步幅和本人一只脚的长度相近,男子每步约 40 厘米,女子每步约 36 厘米。

图 2-3-9 行姿

(4)步速:每分钟行走时的速度。要使步态保持优美,行进速度应该保持平稳、均匀,过快过慢都是不允许的。一般情况下,男子每分钟 108～110 步,女子每分钟 118～120 步。

（5）步韵:行走的节奏感。在行进过程中,膝盖和脚腕要有弹性,腰部理应成为身体重心移动的轴线,双臂在身体两侧一前一后自然地摆动。身体各部位之间要保持动作和谐,使自己的步调一致,走在一定的韵律中,这样显得优美自然一些,否则就显得没有节奏。

（二）男女规范走姿要求

1. 男子规范走姿

男子行走时,两脚跟交替前进在平行线上,两脚尖稍外展,通常速度较快,脚步稍大,两脚尖稍外展,通常速度较快,脚步稍大,步伐奔放有力,充分展示男性的阳刚之气。男子穿西装时,走路的幅度可略大,以体现挺拔优雅的风度。（图 2-3-10）

图 2-3-10　男士行姿

2. 女子规范走姿

女子行走时,两脚尖稍外展,两脚交替走在一条直线上,脚尖正对前方,称"一字步",显优雅。（图 2-3-11）

（1）穿上高跟鞋后,脚跟提高了,身体重心自然地前移,为了保持身体平衡,膝关节要绷直,胸部自然挺起,并且收腹、提臀、直腰,使走姿更显挺拔,会平添几分魅力。穿高跟鞋走路,步幅要小,脚跟要先着地,两脚落地脚跟要落在一条直线上,像柳条上的柳叶一样,即所谓的"柳叶步"。

（2）女子穿旗袍和中跟鞋时,步幅宜小些,以免因旗袍开衩较大,露出大腿,显得不雅。

（3）女子着长裙行走要平稳,步幅可稍大,因长裙的下摆较大,更显得女子修长、飘逸潇洒。

图 2-3-11　女士行姿

（4）年轻女子穿短裙(指膝盖以上)时,步幅不宜太大,步频可稍快些,以保持轻盈、活泼、灵巧、敏捷。

三、文明行姿要求

（一）互相礼让

行走过程中，如有急事需要超越别人，要从旁边绕过，不可强行闯过，最好应轻声招呼，不慎撞了行人应该道歉。

（二）礼宾次序

（1）二人同行，前为尊，后为卑，右为大，左为小。

（2）三人并行以中央为尊，右边次之，左边又次之。

（3）男女同行，进出门口，男士礼让女士先行。

（4）如出入电梯门，无人值守时男士先进后出，女士则应后进先出，男士服务于女士控制好电梯开关门和上下行。

（5）推门下车或在黑暗区域通过时，男士应该率先行动。

（6）在餐会上，男士应该让女士先行，以便介绍或就座。

（7）男女二人在街上并行时，男士应该让女士走在比较安全的一边，指的是男士应该走靠马路车辆来往的一面。在平时，应该遵循男左女右的原则。

（8）男士若与两位女士搭伴同行，不能走在中间，应该走在最左边。

（9）如果路窄只允许一个人通过，男士应该在女士身后行走。

（10）两男一女行走，可让女士在中间行走。

（三）遵守交通规则

城市的街道人来人往，在行路过程中，要遵守交通规则、交通信号灯的指示，确保人身安全。过马路时要走人行横道，来往车辆要避而远之，在人流拥挤的地方应循序而行，做到不抢不挤。碰到气候不佳或天气恶劣时，必须注意安全。对意外跌倒、碰伤的人要尽力帮助。骑自行车或驾驶汽车要严格遵守交通规则，保持谦逊礼让，确保安全。

四、服务行姿特殊要求

变向行姿要领

变向行姿是指在行走中需转身改变方向时，采用合理的方法，体现出规范和优美的步态。

1. 后退步

与人告别时，应当先后退两三步，再转身离去，退步时脚轻擦地面，步幅要小，先转身后转头。

2. 引导步

引导步是走在前边给宾客带路的步态。引导时要尽可能走在宾客左侧前方，整个身体半转向宾客方向，保持两步的距离，遇到上下楼梯、拐弯、进门时，要伸手示意，并提示客人上楼、进门等。

3. 前行转身步

在前行中要拐弯时，要在距所转方向远侧的一脚落地后，立即以该脚掌为轴，转过全身，然后迈出另一只脚。即向左拐，要右脚在前时转身，向右拐，要左脚在前时转身。

五、常见不良行姿

正确的行姿,能增添自信;不良的行姿,会给人留下不好的印象。(图 2-3-12)以下几种不良行姿是在工作中需要极力避免的。

(一)方向不定

行走时方向要明确,不可忽左忽右、瞻前顾后,行走时不应左顾右盼、左右摇晃。

(二)速度多变

行走时不可忽快忽慢、突然快步奔跑或突然止步不前。

(三)声响过大

行走时用力过猛、鞋底蹭地等制造声响都是不良行姿。

(四)八字步态

行走时两脚脚尖向内侧或外侧构成"内八字"或"外八字",都是不正确的步态。

图 2-3-12 不良走姿对比

知识拓展

不良走姿影响大脑健康

低头、弯腰、"外八字"等不良走姿不仅难看,还会影响大脑健康。走路抬头挺胸有利于周身与大脑的气血回流,也就是说,抬头挺胸走路时,是让大脑得到休息。人在走路时,全身经脉都跟着一起活动,而含胸、弯腰的走路姿势正好让这些经脉得不到很好的舒张,身体得不到应有的供氧。此外,不良走姿造成的脊柱问题,也会反射到大脑,使大脑处于紧张状态。

"外八字"走路有碍阳经,使肝、脾、肾血流不畅,影响大脑血液的供应。"内八字"则影响胆、胃和膀胱的经络,而这些经络均在脊柱的周围,脊柱周围气血不畅,一样影响大脑血液循环。青少年侧颈、斜肩的走路姿势也会影响督脉的气血运行,造成气血不畅,从而影响大脑健康。正确的走路姿势应该是:双目平视前方,头微昂,颈正直,胸部自然上挺,腰部挺直,收小腹,臀部略向后突,步行着力点侧重在跖趾关节内侧。

六、行姿训练技巧

（一）训练目的

先进行站姿训练,掌握站姿规范;后将学生每3人分成一组,分别扮演旅客及乘务员,通过模拟旅客进出场景,使学生掌握规范的行姿礼仪规范。

（二）训练内容

1. 基本行姿练习

双眼平视,手臂放松,挺胸收腹,收髋提膝,双手自然摆动,步幅以一个脚长为宜,行走稳定。

2. 特殊步法练习

进行前行步、侧行步、后退步和平衡性练习。

（三）训练重点

1. 方向明确

在行走时,必须保持明确的行进方向,尽可能地使自己犹如在直线上行走,不突然转向,更忌突然大转身。

2. 步幅适中

就一般而言,行进时迈出的步幅男子每步约40厘米,女子每步约36厘米。

3. 步速均匀

在正常情况下,男子每分钟走108～110步,女子每分钟走118～120步。不突然加速或减速。

4. 重心放准

行进时身体向前微倾,重心落在前脚掌上。

5. 身体协调

走动时要以脚跟首先着地,膝盖在脚步落地时应当伸直,腰部要成为重心移动的轴线,双臂在身体两侧一前一后地自然摆动。

6. 有节奏感

昂首挺胸,体态优美,步伐轻松而矫健。

（四）训练方法

1. 练习腰部力量

行走属于动态美,是全身协调性运动,其中腰部的控制力又是至关重要的。练习时,双手固定于腰部,脚背绷直,踮脚正步行走,不需要额外找场地、找时间,在家中随时都可以练习。

2. 良好身姿还体现在背部

脊背是行进中最美妙的音符,因此要练习脊背和脖颈的优雅。头顶上放本书走路,保持齐背伸展和头正、颈直、目平。起步行走时,身体略前倾,身体的重心始终落于行进在前边的脚掌上,前边的脚落地启动后边的脚离地的时间,膝盖要伸直,脚落下时再放松。

3. 要练习脚步

内八字和外八字绝对是不可取的。在地上画一条直线或利用地板的缝隙练习,并不是完全踩在线上,两脚内缘的着力点力求落在直线两侧、贴近直线即可,速度要均匀,不能走得过快。通过不断练习,保持好行走的轨迹和稳定性。

4. 进行全身的协调性训练

使行走中身体的每一个部分都能呈现出律动之美。步伐要矫健,保持稳定的节奏感。

知识拓展

影响行姿的 5 种体型缺陷

1. 颈部前伸

又叫探颈。生活中的一些坏习惯使颈部肌肉不均衡,后上背、斜方肌、颈部的肌肉肌力较弱,并且长期处于被拉伸的状态,胸部肌肉则绷得很紧,养成了含胸的习惯,逐渐演变为驼背,从而体态发生了改变。长期低头玩手机的少年、长期使用电脑的白领以及伏案工作的人群,都是这类疾病的敏感人群。颈部前伸带来的危害最主要的就是人的体态很奇怪,整个状态不够精神。其次也会有生活方面的影响,如经常会出现头痛、肩颈酸痛、大脑供血不足、降低大脑功能、记忆力减退、呼吸不畅、头脑不清等。

2. 高低肩

高低肩的实质是脊柱弯曲畸形,很多时候都是肩膀负重过多,肩颈肌肉僵硬所致。单肩背包、睡觉姿势不对、长期玩电脑、打麻将、躺在床上看书、看电视都会引起高低肩的出现。高低肩不是简单的身体不平衡,最重要的是引起了脊柱的变形。

3. 驼背

驼背也叫圆背,是脊柱变形的一种表现,平常不注意保持正确的身体姿势,背部肌肉不主动用力,最终导致胸椎后突所引起的形态改变,男女老幼都可能发生。

4. 塌腰

没有养成收腹立腰的良好习惯,使腰椎长年累月处于负重状态,导致腰椎的正常的生理弯曲加大,久而久之形成"塌腰"的不良姿态。

5. 八字脚

八字脚指在走路时两脚分开像"八字",分为内八字和外八字,都是因为足部错误受力所致。通常将"八字脚"分为"内八字"和"外八字"。"内八字"的人走路时足尖相对,足底朝外;"外八字"的人走路时则相反。

中华礼仪知识链接

足进为行,徐行为步,急行为趋,疾趋为走。

矩步引领,俯仰廊庙。束带矜庄,徘徊瞻眺。

——《千字文》

在行走的姿态方面,古人强调,走路要有规矩,头要抬胸要挺,身体要挺拔,头颈要挺直,目视前方,穿戴整齐。古代尚且如此,身处现代文明社会的我们,更应该通过走姿展现良好的精神风貌。

任务三　坐姿礼仪

微课17:坐姿
礼仪

导学案例

王老师带着三位毕业生前去应聘某铁路局高铁乘务员,面试当天王老师怕学生面试紧张,便和人力资源部主管商量让三位同学一起面试。三位同学进入人力资源部主管办公室时,主管上前请三位同学入座。当主管回到自己办公桌前,抬头一看,欲言又止,只见两位同学坐在沙发上,一位同学架起了二郎腿,而且两腿不停地抖动;另一位同学则身体松懈地斜靠在沙发扶手上,两手攥握手指咯咯作响。只有一位同学端坐在椅子上等候面试。主管立即起身非常客气地对坐在沙发上的两位同学说:"对不起,你们二位的面试已经结束了,请退出。"两位同学四目相对,不知是怎么回事,感觉还没有开始面试就被告知结束了。

....

点评:仪态是一种无声的语言,是一个人道德品质、修养水平的体现,良好的仪态不仅展示出个人良好的素质,同时也是对他人的尊重。坐在沙发上的两位同学在应聘时坐姿不雅,动作行为过于随意,既破坏了个人形象,又使人感觉其对面试不重视,甚至有藐视他人之嫌,自然面试失败。高铁乘务员要时时刻刻注意自己的仪态形象,体现自己的专业素养,在举手投足间展示自己的良好修养。

坐姿,是指就座之后所呈现的姿势。所谓坐有坐相,就是指坐姿要端正。优美的坐姿让人觉得安详舒适,而不是一种懒洋洋的模样。"坐如钟",指人在就座之后要像钟一样稳重,不偏不倚。它是一种静态美,也是人们在生活工作中运用最多的一种姿势。坐姿礼仪讲究的是不同场合适用不同的坐姿,不同性别的坐姿要求也不同。

一、女性坐姿

女士在坐着的时候要膝盖并拢,永远都不能分开双腿,因为这体现着女性的修养。

（一）正位坐姿（标准坐姿）

正位坐姿适合大多数场合,上身与大腿、大腿与小腿、小腿与地面均呈90°,双腿并拢,双膝紧贴,双脚并排靠拢,双手虎口相交置于双腿上。（图2-3-13、图2-3-14）

（二）双腿斜放式坐姿

上身端正,双膝紧贴,两小腿并拢平移至身体一侧,与地面约呈45°,双脚平放或点地,双手虎口相交轻握放在腿上。（图2-3-15）。

（三）双腿交叉式坐姿

双腿交叉式坐姿是一种既舒服又漂亮的坐姿。上身端正,双膝紧贴,双脚在踝关节处交叉后略向身体一侧斜放,一脚着地,另一脚点地,双手虎口相交轻握放在腿上。（图2-3-16）采用这种坐姿时,也可将双脚交叉略向后屈。这种坐姿适用于工作场合,如与客户或领导交谈时,采用双腿交叉式坐姿既不会太累,又端庄自然。

图 2-3-13　标准坐姿正面

图 2-3-14　标准坐姿侧面

图 2-3-15　双腿斜放式坐姿

图 2-3-16　双腿交叉式坐姿

(四)前伸后屈式坐姿

　　长时间采用坐式服务的女性建议采用前伸后屈式坐姿,因为这种坐姿长时间保持也不会觉得累。上身端正,双膝紧贴,左小腿与地面垂直,右小腿屈回,左脚掌着地,右脚尖点地,两脚前后位于同一直线上。(图2-3-17)采用这种坐姿时,可双腿互换,挺胸直腰,面带微笑。

(五)双腿重叠式坐姿

　　双腿重叠式坐姿是最能体现女性腿部完美曲线的一种坐姿。上身端正,两小腿平移至身体右侧,与地面约呈45°,左腿重叠于右腿之上,左脚挂于右脚踝关节处,脚尖向下,右脚掌着地;也可以交换两腿的上下位置,将右腿重叠于左腿之上,将两小腿移至身体左侧。(图2-3-18)

图 2-3-17　前伸后屈式坐姿　　　　　　图 2-3-18　双腿重叠式坐姿

二、男性坐姿

（一）正位坐姿

上身端正，与大腿垂直，双膝、双脚完全并拢，双手掌心向下分别放在两大腿上，表现出男性的自信。（图 2-3-19）

（二）重叠式坐姿

重叠式坐姿即在正位坐姿的基础上，将右腿抬起放在左腿上，上身保持端正，双腿上鞋交叠，左小腿垂直于地面，右小腿向里收，右脚尖向下倾，双手放在架起的腿上。采用这种坐姿时，交叠的双腿可以互换位置。男士不可将双腿叉得过开，或将双腿过分伸张，或一腿弯曲、一腿伸直呈现"4"字形。（图 2-3-20）

（三）交叉式坐姿

上身端正，与大腿垂直，双脚在踝关节处交叉，略向前伸或略向后屈回，双手自然放于腿上。（图 2-3-21）

图 2-3-19　正位坐姿　　　　　图 2-3-20　重叠式坐姿　　　　　图 2-3-21　交叉式坐姿

三、坐姿礼仪

（一）入座礼仪

1. 掌握入座规则"左进左出"

要注意入座的礼节，一定要请受尊重的人先入座，比如领导、长者、客户，要先请他们入座，然后自己再坐下，并且要记住从椅子的左侧入座，离开也是从椅子的左侧进行。入座和离座在挪动椅子时，要用双手搬起，动作要轻巧，不能拖拉椅子发出很大的响动，如果不小心使椅子在搬动时发出很大声响，要对其他人表示抱歉。坐下时要顺便整理衣服，不能坐下以后反复拽拉裙子以使它保持平整，不断地欠身整理衣服是很不雅观的。如果有裙角被压在身下，也要不动声色地略微欠身整理一下，上半身仍要保持相对稳定。我们常说的"坐如钟"，就是指坐着的时候要有一个沉稳而从容的姿态及表情，看上去端庄而不做作。

2. 坐椅子的2/3处能够体现对客户的尊重

与客户交流时不能坐满整个椅面，如果把身子靠在椅背上，脊背因过分舒适而弯曲，看上去就感觉精神不振，一般坐椅面的2/3比较合乎礼节，且也因脊背直立而显得很有精神。在与人交谈时，为表示重视不仅应面向对方，而且同时要把整个上身朝向对方，而不仅仅是把头扭向对方。

3. 坐着的时候不能有太多的小动作

坐着的时候不能有太多的小动作，其中最令人厌恶的就是抖腿，这是烦躁不安的表现。还有，坐着的时候不能频繁更换坐姿，且更换坐姿的幅度不能过大，当与人交谈时，无论采用双腿斜放式坐姿、双腿交叉式坐姿还是重叠式坐姿，都应该将膝盖朝向对方，将双脚放在另外一侧。

（二）落座的注意事项

女士入座前应轻拢裙摆，保持裙边平整、不起皱；应始终靠紧双腿，不可大腿并拢而小腿分开。

男士不可将双腿叉得过开，或将双腿过分伸张，或一腿弯曲、一腿伸直呈现"4"字形，或将小腿搁在大腿上，用脚打拍子，甚至不停地抖腿。

与邻座交谈时，可以侧坐，并将上身和腿同时转向交谈对象，跷腿时，切忌将悬空的脚尖朝上或指向他人。

四、常见不良坐姿

（一）不良坐姿

1. 椅子只坐一半

有的人坐着时习惯臀部只与椅子搭个边，背部斜靠椅背，腰部悬空，更有甚者两腿前伸张开，其实这种看上去似乎很自在惬意的坐姿对腰部伤害很大。主要是因为这样会令脊椎拱起，腰部失去椅背的支撑，压力会很大，容易引起腰背痛。

建议：坐着时，要保证臀部都在椅子上，整个背部要紧贴椅背。

2. 身体前倾

有的人本身就有近视，可没有佩戴眼镜，看电脑时就会不自觉地身体往前倾，这样也会伤害腰部。

建议:正确的坐姿是腰部紧靠椅背,挺直背部。

3.驼背

驼背会导致肩、背脂肪堆积,还会压迫胸部组织,时间长了,就会影响到胸部的健康。所以,应该保持昂首挺胸的姿势。

(二)不雅的坐姿

1.动作幅度过大、过急

在入座过程中,节奏太快,动作不稳,容易给人造成做事潦草、忙乱的不良印象;离座时出现急、快的情况,易刮倒座椅、发出响声等,也会影响个人形象。

2.坐姿不端正

上身放松,半坐半躺在座椅上,或者完全瘫坐在椅子上;上身在坐立的过程中不停地晃动、左右歪斜、前仰后合等,以上坐姿均是素质低、没有修养的表现。

3.手臂位置不恰当

双臂应根据脚位摆放在适合的位置上,以表现优雅的姿态。以下是不恰当的手臂位置:手夹在两腿之间、双手抱在腿上、手插在衣袋中、手摆弄物件等。

4.双腿姿态不规范

两腿叉开很大距离;两腿向前伸太远;两腿不停抖动;双腿交叉时没有收紧,两膝之间有距离;双腿重叠,一条腿跷起(俗称"二郎腿")。

5.脚位不雅观

双脚没有平放在地面上,脚尖翘起,以脚蹬踏别的物体。这种姿态会给人留下轻浮、粗俗的印象。

五、坐姿训练方法

常用的坐姿方式较多,在基本坐姿训练的基础上,可以利用具体情境进行训练,同时加强入座和离座的训练,使整体就座过程连续、流畅,更富感染力。

(一)重视基本坐姿训练

在明确坐姿的基本要求和进行站姿训练基础上,可以进行坐姿训练。在训练过程中,可以采用对镜规范训练、工具辅助训练(如头顶书籍)等方式。初级练习,每次的训练时间应保持在 20~30 分钟,以后可随技能的掌握水平逐渐减少连续练习时间。

(二)运用具体情境练习

为提高学习者的兴趣,调动其学习积极性,可模拟具体情境进行训练,如招聘会、见面会、校友会等,把坐姿与情境相结合,由学习者自行设计并保持姿态,达到强化的目的。每次训练控制在 10~15 分钟,可分多次进行。

(三)加强入座和离座训练

在坐姿训练时,往往较重视姿态训练,忽略过程训练,因此学习者会表现出动作过程不完整或缺失的现象。入座和离座应分别进行单一动作训练,每次训练控制在 5~10 分钟,单一训练后再合成动作,保持动作的连贯性和准确性,达到体现优雅、庄重坐姿的目的。

(四)坐姿腿部姿态训练

(1)双手轻握转体,一侧一个八拍,共八个八拍。

(2)手指轻握放于胸前上半身转体,右手在前即抓左边,共八个八拍。

(3)前伸后屈腿部力量练习,叉腰,左右脚交替,每次一个八拍,共八个八拍。

(4)半脚尖站立:一拍起,八拍落,共八个八拍。

中华礼仪知识链接

　　长者立,幼勿坐。长者坐,命乃坐。

——《弟子规》

　　群居五人,则长者必异席。
　　室中以东向为尊,堂上以南向为尊

——《礼记·曲礼》

....

从古至今,无论是跪坐还是垂足而坐,就坐之礼贯穿我们的工作与生活。一则为座次,另一则为坐具。与长者在一起,长者站着,你不能坐着;长者坐着,让你坐你才能坐。坐在何处也颇为讲究。

从室内方位来说,以坐西朝东(东向)的位置为最尊,其次是坐北朝南(南向),再次是坐南朝北(北向),坐东朝西的位置最卑(西向)。看座次,即可看出长幼尊卑。正是在这些规定之下,中国人形成了一套关于坐的完整认知和观念,站有站相、坐有坐相这样的说法也因此不断流传,成为中国人日常生活的一部分。

任务四　蹲姿礼仪

微课18:蹲姿
礼仪

导学案例

　　王瑾是某跨国公司董事长的助理,年轻貌美,工作能力也强,深得公司管理高层的赞许。有一天,公司客户来洽谈合作,会谈结束,董事长让王瑾把相关合同文件拿来签署。谁知,在王瑾推门进来时不小心把文件撒落一地,她没多想,赶紧弯腰去收拾文件,可是她的臀部正对着客户,让客人感到非常不好意思。

....

　　点评:虽然下蹲的时间较短,但下蹲姿势特别能展现一个人的气质、风度、形象和教养,尤其是穿裙子的女士,稍有不慎,很容易"走光",所以需要特别注意。

蹲是由站立的姿势转变为两腿弯曲和身体高度下降的姿势。蹲姿不像站姿、走姿、坐姿那样使用频繁,因而往往被人所忽视。一件东西掉在地上,一般人都会直接弯下腰,把东西捡起来。但这种姿势会使臀部后撅,上身前倾,显得非常不雅。服务人员在对客服务时尤其需要蹲姿。

一、基本蹲姿要点

(1)下蹲拾物时,应自然、得体、大方、不遮遮掩掩。

(2)下蹲时,两腿合力支撑身体,避免滑倒。

(3)下蹲时,应使头、胸、膝关节在一个角度上,使蹲姿优美。

(4)女性服务人员无论采用哪种蹲姿,都要将腿靠紧,臀部向下。

二、蹲姿的注意事项

(1)不要突然下蹲,蹲下来的时候,不要速度过快。当自己在行进中需要下蹲时,特别要注意这一点。

(2)不要离人太近。在下蹲时,应和身边的人保持一定的距离,和他人同时下蹲时,更不能忽略双方的距离,以防彼此相撞或发生其他的误会。

(3)注意侧身下蹲。在他人身边下蹲时,最好是和别人侧身相向。正面面对他人或者背部面对他人下蹲,通常都是不礼貌的。

(4)在大庭广众面前,尤其是身着裙装的女士,一定要避免在毫无遮掩的情况下两腿叉开。

(5)不要蹲在凳子上。有些地方,有蹲在凳子或椅子上的生活习惯,但是在公共场合这么做的话,是很不雅观的。

三、女性常用蹲姿

在日常生活中,人们对掉在地上的东西,一般是习惯弯腰或蹲下将其捡起,而服务人员对掉在地上的东西,也像普通人一样采用一般随意弯腰蹲下捡起的姿势是不合适的,女性服务人员在下蹲时要迅速、美观、大方。

(一)交叉式蹲姿

女性服务人员在实际工作中常常会用到蹲姿,如帮助客人捡拾物品需要下蹲时,可采用交叉式蹲姿,下蹲时右脚在前,左脚在后,右小腿垂直于地面,全脚着地。左膝由后面伸向右侧,左脚跟抬起,脚掌着地。两腿靠紧,合力支撑身体。臀部向下,上身稍前倾。(图2-3-22)

(二)高低式蹲姿

女性服务人员在实际工作中常常用到高低式蹲姿。

下蹲时左脚在前,右脚稍后,两腿靠紧向下蹲。左脚全脚着地,小腿基本垂直于地面,右脚脚跟提起,脚掌着地。右膝低于左膝,右膝内侧靠于左小腿内侧,形成左膝高右膝低的姿态,臀部向下,基本上以右腿支撑身体,需要注意的是,手叠搭在左膝上。(图2-3-23)

图 2-3-22　交叉式蹲姿

图 2-3-23　高低式蹲姿

（三）半蹲式蹲姿

女性服务人员在行进之中临时要蹲下时一般采用半蹲式蹲姿。基本特征是身体半立半蹲，其要求是：在下蹲时，上身稍许弯下，但不宜与下肢构成直角或锐角；臀部向下而不是撅起；双膝略为弯曲，其角度可根据需要可大可小，但一般均为钝角，身体的中心应放在一条腿上。（图 2-3-24）

（四）半跪式蹲姿

半跪式蹲姿又叫单跪式蹲姿，它是一种非正式蹲姿。女性服务人员在工作过程中如果下蹲时间较长，或为了用力方便一般会用半跪式蹲姿。它的特征是双腿一蹲一跪，其要求是下蹲之后，改为一腿单膝着地，臀部坐在脚尖上，而以其脚尖着地；另外一条腿则应当全脚着地，小腿垂直于地面，双膝应同时向外，双腿应尽力靠拢。（图 2-3-25）

图 2-3-24　半蹲式蹲姿

图 2-3-25　半跪式蹲姿

四、男性常用蹲姿

男性服务人员在对客服务时一般采用高低式蹲姿和半跪式蹲姿。

（一）高低式蹲姿

男性服务人员在对客服务时，若要用右手捡东西，可以先走到东西的左边，右脚向后退半步后再蹲下来，脊背保持挺直，臀部一定要蹲下来，避免弯腰翘臀的姿势，两腿间可留有适当的缝隙。具体要点是：下蹲时左脚在前，右脚稍后，两腿靠紧向下蹲。左脚全脚着地，小腿基本垂直于地面，右脚脚跟提起，脚掌着地。右膝低于左膝，右膝内侧靠于左小腿内侧，形成左膝高右膝低的姿态，臀部向下，基本上以右腿支撑身体。与女性服务人员不同的是，男性服务人员的手分别搭在左右膝上。（图2-3-26）

图 2-3-26　高低式蹲姿

（二）半跪式蹲姿

男性服务人员在对客服务时如果下蹲采取半跪式蹲姿，应该双腿一蹲一跪。其要求是下蹲之后，改为一腿单膝着地，臀部坐在脚尖上，而以其脚尖着地；另外一条腿则应当全脚着地，小腿垂直于地面，双膝应同时向外，双腿应尽力靠拢。

五、常见不雅蹲姿

1. 弯腰下蹲

弯腰捡拾物品时，两腿叉开，臀部向后撅起，是不雅观的蹲姿。两腿展开平衡下蹲，其姿态也不优雅。

2. 露衣露肉

下蹲时背后的上衣自然上提,露出臀部皮肉和内衣很不雅观。

3. 卫生间姿势

双腿敞开而蹲,是最不得体的蹲姿。

4. 面对他人或背对他人而蹲

下蹲在社交场合是不得已的动作,应该避开他人的视线。

六、蹲姿训练

(1)站立,向后撤右(左)脚。

(2)身体保持正直,腿逐渐弯曲,身体重心向下。

(3)腿部向下,靠近脚跟。

(4)男士双手分别搭放在两腿上,女士双手上下叠放,搭放在高的腿上。

(5)练习不同的蹲姿。

(6)练习下蹲低处取物。注意:走到物品的左侧(右侧),靠近物品一侧的腿向后撤下蹲。

中华礼仪知识链接

居,蹲也。　　　　　　　　　　　　　　　　　　　——《说文解字》

寝不尸,居不客。　　　　　　　　　　　　　　　　——《论语·乡党》

....

蹲,即两膝如坐,臀部不着地;踞,有蹲或坐之义。踞与居通,即蹲之义,所谓"踞坐"是也。即坐时两脚底和臀部着地,两膝上耸。在古代,是一种较为省力的坐法,但不是很正式,比较随意。

任务五　表情礼仪

微课 19:表情
礼仪

导学案例

　　一天,王强和两位好友来到一家网红餐厅用餐。接待他们的是一位五官清秀的服务员,接待服务工作做得很好,可是自始至终她都面无表情,无精打采。用餐结束后,王强去结账,结账服务员却一直低头玩手机,丝毫没注意到客人的需要,当王强询问后才抬头看了一眼,随即起身办理结账手续。自此以后,王强再也没有去过这家餐厅用餐。

....

　　讨论:1. 请指出案例中服务员的表情问题。

　　　　　2. 本案例对你有哪些启示?

表情是指一个人的喜怒哀乐等内心情感通过面部肌肉的运动在面部所呈现出来的感觉。在人际交往中,表情真实可信地反映着人们的思想、情感及心理活动。而且,表情传达的感情信息要比语言来得巧妙得多。美国心理学家艾伯特·梅拉比安把人的感情表达效果总结为一个公式:感情的表达＝语言(7%)＋声音(38%)＋表情(55%),从大体上说,人的眼神和笑容是表达感情最主要的两个方面。

一、眼神

眼睛被喻为"心灵的窗户",是人体传递信息最有效的器官,它能够最明显、最自然、最准确地显示一个人的心理活动。在社交场合交谈时,一定要注意眼神礼仪,目光要坦然、温和、大方、亲切。

（一）眼神注视的时间

注视对方时间的长短是十分有讲究的。

1. 表示友好

向对方表示友好时,应不时地注视对方。注视对方的时间约占全部相处时间的1/3。

2. 表示重视

向对方表示关注,应常常把目光投向对方那里。注视对方的时间约占相处时间的2/3。

3. 表示轻视

目光游离,注视对方的时间不到全部相处时间的1/3,就意味着轻视。

4. 表示敌意

目光始终盯在对方身上,注意对方的时间在全部相处时间的2/3以上,被视为有敌意,或有寻衅滋事的嫌疑。

5. 表示感兴趣

目光始终盯在对方身上,偶尔离开一下,注视对方的时间在全部相处时间的人2/3以上,有时表示对对方较感兴趣。

（二）眼神注视的角度（图2-3-27）

注视别人时,目光的角度,即目光从眼睛里发出的方向,可以表示与交往对象的亲疏远近。

1. 平视

平视也叫正视,即视线呈水平状态。常用在普通场合,一般与身份、地位平等的人进行交往时使用。

2. 侧视

侧视是一种平视的特殊情况,即位于交往对象的一侧,面向并平视对方。侧视的关键在于面向对方,否则即为斜视对方,那是很失礼的。

3. 仰视

仰视即主动居于低处,抬眼向上注视他人,以表示尊重、敬畏对方,适用于面对尊长之时。

4. 俯视

俯视即向下注视他人,一般用于身居高处之时,可表示对晚辈的宽容、怜爱,也可表示对他人的轻慢、歧视。

图 2-3-27　眼神礼仪

（三）眼神注视的部位

眼神注视的区间界限不是绝对的,谈话人应根据说话的性质,选择更具体一些的注视区间。一般眼神注视的常规部位如下:

1. 双眼

注视对方双眼,表示自己聚精会神,一心一意,重视对方,但时间不要太久,也叫关注型注视。

2. 额头

注视对方额头,表示严肃、认真、公事公办,也叫公务型注视。这种注视适用于业务洽谈、商务谈判、布置任务等正规的公务活动场合,处于优势的商人、外交人员、指挥员常采用,以便掌握谈话的主动权和控制权。

3. 眼部—唇部

注视这一区域,容易形成平等感,表示礼貌、尊重对方,也叫社交型注视。公关人员常在茶话会、舞会、酒会、联欢会以及其他一般社交场合使用。

4. 眼部—胸部

注视这一区域,多用于关系密切的男女之间、恋人之间、至爱亲朋之间,表示亲近、友善,也叫亲密型注视,一般能够激发感情、表达爱意。

5. 眼部—腿部

适用于注视相距较远的熟人,也表示亲近、友善,也叫远亲密型注视,但不适用于关系一般的异性。

6. 任意部位

对他人身上的某一部位随意一瞥,多用于在公共场合注视陌生人,也叫随意型注视,可表示注意,也可表示敌意,最好慎用。

（四）服务人员目光注视的基本要领

在与客人交谈时,目光应注视着对方,同时应不断地用各种眼神与对方交流,以调整交谈的气氛。当聆听客人说话时,目光应始终注视对方,不要左顾右盼,否则会给人一种不感兴趣或不尊重他人的感觉,但也不要死盯着对方的眼睛,这种逼视的目光是很失礼的行为。

在一般的工作场合,与客人交谈时应注视对方的双眼、鼻尖、嘴唇之间的三角区域。在交谈中,随着交谈内容、话题的变化,作出及时恰当的反应,用目光流露出了解、会意的万千情意。言语交流结束时,目光要抬起,表示结束。这样会使整个交流融洽、和谐、生动、有趣。

（五）服务人员目光交流时的禁忌

交谈时,不要始终盯着对方的眼睛,这样会有逼视感,会让对方感到紧张、难堪。

交谈时不要左顾右盼,这样给人一种不被尊重的感觉。

交谈时不要迅速移开目光,会给人留下冷漠、傲慢的印象,当对方缄默或失语时,不应再看对方。

交流时应面对对方,不要斜视或是背对对方,这些都是不礼貌的行为。

交流时不要不停地上下打量对方,这样会给人一种挑衅、傲慢之感。

交流时不要瞪眼或是眯着眼看对方,表示敌意或轻视,是表情礼仪大忌。

> **案例故事**
>
> ### 无处安放的眼神
>
> 在武汉大学举行的一次模拟面试中,16位选手并坐一排,面对5位资深面试官,台下则有近百名现场观众。
>
> 不久,面试官之一的主考官张先生指出:一些选手在回答问题时眼睛总是环顾四周。因此,她提醒同学们,在正式面试时,一定要注意眼神交流,这不仅表示相互尊重,更是坦然无惧的体现。

二、笑容（图2-3-28）

笑容,即人们在笑的时候的面部表情。利用笑容,可以消除彼此间的陌生感,打破交际障碍,为更好沟通与交往创造有利的氛围。

（一）笑的种类

在人际交往中,合乎礼仪的笑容大致有以下几种:

1. 含笑

不出声,不露齿,只是面带笑意,表示接受对方,待人友善,适用范围较为广泛。

2. 微笑

唇部向上移动,略呈弧形,但牙齿不外露,表示自信、充实、热情、友好,适用范围最广。

3. 轻笑

嘴巴微微张开一些,上齿显露在外,不发出声响,表示欣喜、愉快,多用于会见客户、向熟人打招呼等情况时。

图2-3-28　微笑

4. 浅笑

笑时抿嘴，下唇大多被含于牙齿之中，多见于年轻女性表示害羞之时，通常又称为抿嘴而笑。

5. 大笑

表现太过张扬，一般不宜在商务场合中使用。

案例故事

微笑换得生命

在"二战"时，一位英国的普通军官不幸被俘，并被投进了阴森冰冷的单人监牢。

在即将被处死的前夜，他搜遍全身竟发现半截皱巴巴的香烟，很想吸上几口，以缓解临死前的恐惧，可是他发现自己没有火。在他的再三请求之下，铁窗外那个木偶式的士兵总算毫无表情地掏出火柴，划着火。当四目相对时，军官不由得向士兵送上了一丝微笑。令人惊奇的是，那士兵在几秒钟的发愣后，嘴角也不太自然地上翘了，最后竟也露出了微笑。后来两人开始了交谈，谈到了各自的故乡，谈到各自的妻子和孩子，甚至还相互传看了珍藏的与家人的合影。

当曙色渐明，军官苦泪纵横时，那士兵竟然动了感情，并悄悄地放走了他。微笑，沟通了两颗心灵，挽救了一条生命。

图 2-3-29　微笑

（二）笑的方法（图 2-3-29）

笑的共性是面露喜悦之色，表情轻松愉快。但是，如果发笑的方法不对，要么笑得比哭还难看，要么会显得非常假，甚至显得很虚伪。

1. 发自内心

笑的时候要自然大方，显示出亲切。

2. 声情并茂

笑的时候，要做到表里如一，使笑容与自己的举止、谈吐有很好的呼应。

3. 气质优雅

笑的时候，要讲究笑得适时、尽兴，更要讲究精神饱满，气质典雅。

4. 表现和谐

从直观上看，笑是人们的眉、眼、鼻、口、齿以及面部肌肉和声音所进行的协调行动。

（三）笑的禁忌

在很多场合，严禁以下几种笑出现：

1. 假笑

假笑违背笑的真实性原则，即笑得虚假，皮笑肉不笑，不但毫无价值，还让人厌烦。

2.冷笑

冷笑即含有怒意、讽刺、不满、无可奈何、不屑一顾等容易使人产生敌意的笑。

3.怪笑

怪笑即笑得怪里怪气,令人心里发麻,多含有恐吓、嘲讽之意,使人反感。

4.媚笑

媚笑即有意讨好别人,并非发自内心,是具有一定功利性目的的笑。

5.怯笑

怯笑即害羞、怯场,不敢与他人交流视线,甚至会面红耳赤地笑。

6.窃笑

窃笑即偷偷地洋洋自得或幸灾乐祸地笑。

7.狞笑

狞笑即面容凶恶,多表示愤怒、惊恐、吓唬。

(四)服务人员微笑的基本要领

服务人员要试着用微笑化解矛盾,用微笑打动客人,用微笑塑造自我成功的形象。

1.发自内心地笑

微笑是一种嘴部行为和内心的结合,内心一定要坦诚,不可以应付,假意奉承,所以,服务人员在和客人打交道时,微笑要真切,发自内心,表情安详,不能带有情绪。

2.微笑注意适宜

微笑之所以美丽,不仅体现在笑的程度上,也体现在注视的时间上。例如,高铁乘务人员在和旅客打交道时,不能长时间地盯着对方的脸或者整个人看。在一般场合,无意间与旅客的目光交接也不能马上移开,应自然对视 1~2 秒钟,然后慢慢移开,与异性目光相对不要超过 10 秒。同时,不能刻意地去看某个旅客或人体的某个部位,更不能不停地在对方身上来回上下地看,这是很不礼貌的行为,应当看得自然、稳重、柔和。

3.微笑与眼睛结合

目光与微笑都是最富感染力的表情语言。例如,高铁乘务人员在和旅客打交道时,目光要与微笑相协调,当你在微笑的时候,你的眼睛也要"微笑",否则,给人的感觉是"皮笑肉不笑"。

三、表情训练方法

(一)眼神训练

眼睛是心灵的窗户,灵魂集中在眼睛里,眼神是一种更含蓄、更微妙、更复杂的语言,服务人员应该让亲善的目光,如炬般有力的眼神成为服务中的法宝。

1.训练方法

(1)学会察看别人的眼色与心理,锻炼自己的眼神。

(2)配合眉毛和面部表情,充分表情达意。

(3)注意眼神礼仪。不能对陌生人长久盯视,除非感情很亲密或者欣赏、观看演出;眼睛眨动不要过快或过慢,过快容易显得贼眉鼠眼、挤眉弄眼或不成熟,过慢容易显得死气呆板。不要轻易使用白眼、媚眼、斜眼、蔑眼等不好的眼神。

（4）习惯眼部化妆，以突出眼神，富有情调。生活妆，清新靓丽可增添情趣和信心；舞台妆，浓重或随心所欲，可改变形象。

2.训练步骤

（1）眼部操分解动作训练。熟悉、掌握眼部肌肉的构成，锻炼肌肉韧性。眼神构成要素如下：

①眼球转动方向：平视、斜视、仰视、俯视、白眼等。

②眼皮瞳孔开合大小：大开眼皮、大开瞳孔，开心，欢畅，惊愕；大开眼皮、小开瞳孔，愤怒，仇恨；小开眼皮、大开瞳孔，欣赏，快乐；小开眼皮、小开瞳孔，算计，狡诈。

③眼睛眨动速度快慢：快，不解，调皮，幼稚，活力，新奇；慢，深沉，老练，稳当，可信。

④目光集中程度：集中，认真，动脑思考；分散，漠然，木讷；游移不定，心不在焉。

⑤目光持续长短：长，深情，喜欢，欣赏，重视，疑惑；短，轻视，讨厌，害怕，撒娇。

（2）眼神综合定位训练。眼神综合定位是指以上要素往往凝结在一起的综合表现。注意细微的变化，淋漓尽致地表现富有内涵、积极向上的眼神。如"这是你的吗?"用不同的眼神表示愤怒、怀疑、惊奇、不满、害怕、高兴、感慨、遗憾、爱不释手等。

（3）模仿动物的眼神。男性眼神像鹰一样刚强、坚毅、稳重、深沉、锐利、成熟、沧桑、亲切、自然；女性眼神像猫一样柔和、善良、温顺、敏捷、灵气、秀气、大气、亲切、自然。

（二）微笑的训练

微笑的作用是万能的、神奇的，可以温暖人心，化解矛盾，获得理解和支持。但是要笑得自然、亲切、高雅是不容易的，所以要勤加练习，养成习惯性富有内涵的、善意的、真诚的、自信的微笑习惯。

1.他人诱导法

同桌、同学之间互相通过一些有趣的笑料、动作引发对方发笑。

2.情绪回忆法

通过回忆往事，幻想自己将要经历的美事引发微笑。

3.口型对照法

通过一些相似性的发音口型，练习嘴角肌肉，使嘴角自然露出微笑，从而找到适合自己的最美的微笑状态，如"一""七""茄子""呵""哈""威士忌"等。

4.习惯性佯笑

强迫自己忘却烦恼、忧虑，假装微笑。时间久了，次数多了，就会改变心灵的状态，发出自然的微笑。

5.牙齿暴露法

笑不露齿是微笑，露上排牙齿是轻笑，露上下八颗牙齿是中笑，牙齿张开看到舌头是大笑。

6.情境熏陶法

通过美妙的音乐或容易使人开心的环境，营造良好的氛围，渐渐地陶醉微笑。

7.筷子训练法

（1）站在镜子前，观察自己的嘴部形状，看看自己平时不笑的时候，嘴角是向上微翘还是下垂，并观察这时候的表情是否好看。

（2）用上下两颗门牙轻轻咬住筷子，看看自己的嘴角是否已经高于筷子了。如果嘴角还是低于筷子，就不容易露出笑容。笑的时候注意要露出牙齿。

（3）继续咬着筷子，嘴角最大限度地上扬。也可以用双手手指按住嘴角向上推，在上扬到最大限度的位置保持30秒。

（4）保持上一步的状态，拿下筷子。这时你的嘴角就是你微笑的基本脸型。能够看到上排10颗牙齿就合格了。记住这时候嘴角的形状，平时就要努力笑成这个样子。

（5）再次轻轻地咬住筷子，发出"yi"的声音的同时嘴角向上向下反复运动，持续30秒。

（6）拿掉筷子，察看自己微笑时的基本表情。用双手托住两颊从下向上推，同时要发出声音反复地数"1、2、3、4"，持续30秒。

（7）放下双手，同上一个步骤一样数"1、2、3、4"，也要发出声音。重复30秒后结束。数到"1"的时候嘴角要努力上扬。双手要一直托着两颊。

中华礼仪知识链接

笑不露齿，行不摇头，坐不露膝，站不倚门。

——《女论语》

....

笑不露齿出自唐朝宋若莘、宋若昭姐妹所写的《女论语》："凡为女子，先学立身。立身之法，惟务清、贞，清则身洁，贞则身荣，行莫回头，语莫掀唇……"

"语莫掀唇"意思就是笑不露齿。在古代，笑不露齿代表着大家闺秀的矜持端庄与克制守礼。

随着经济的发展和民族的融合，社会上逐渐出现了一些思想开化的文人墨客，皆以"明眸皓齿"为评判女子美貌的标准。

陆游《书叹》：少年不自珍，妄念然烈火。眼乱舞腰轻，心醉笑齿瑳。

苏轼《大雪青州道上有怀东武园亭寄交孔周翰》：盖公堂前雪，绿窗朱户相明灭。堂中美人雪争妍，粲然一笑玉齿颊。

杨慎《扶南曲（四首）》：清歌开笑齿，一夜足欢娱。誓好同心结，迎祥百子图。

露齿笑具有很强的感染力，往往给人一种明媚开朗的感觉。

任务六　服务距离

微课20:服务

距离

导学案例

生物学家做了一个实验：把十几只刺猬放到户外的空地上。这些刺猬被冻得浑身发抖，为了取暖，它们只好紧紧地靠在一起，而相互靠拢后，又因为忍受不了彼此身上的长刺，很快就各自分开了。可天气实在太冷了，它们又靠在一起取暖。然而，靠在一起时的刺痛使它们不得不再度分开。挨得太近，身上会被刺痛；离得太远，又冻得难受。就这样反反复复地分了又聚,聚了又分,不断地在受冻与受刺之间挣扎。最后,刺猬们终于找到了一个适中的距离,既可以相互取暖,又不至于被彼此刺伤。

讨论:本案例对你有哪些启示?

俗话说"距离产生美",人与人之间需要保持一定的空间距离。任何一个人,都需要在自己的周围有一个自己把握的自我空间,它就像一个无形的"气泡"一样为自己"割据"了一定的"领域"。而当这个自我空间被人触犯时就会感到不舒服、不安全,甚至恼怒起来。为了表达尊重,在与人相处中,我们要保持适度的距离。

一、社交距离

一般来说,交际中的空间距离可分为以下四种:亲密距离、个人距离、社交距离、公共距离。

亲密距离指45厘米以内的距离,一般发生在亲人、很熟的朋友、情侣和夫妻中。当无权进入亲密距离的人闯入这个范围时,会令人不安。在拥挤的公共汽车、地铁和电梯上,由于人员的拥挤,亲密距离常常遭到侵犯。于是,人们尽可能地在心理上保护自己的空间距离。

个人距离一般发生在人际交往中,双方保持着手能互相接触的距离,以完成握手、传递物品或挑衅等动作。个人距离的理想状态一般是45~120厘米。在个人距离关系中,人们为了扩大自己的空间势力圈,可采用肢体接触物体或手拿物品等方式。

社交距离的范围比较灵活,近可1米左右,远可3米以上。这种距离通常用于与个人关系不大的人际交往。一般工作场合,人们多采用这种距离交谈,在小型招待会上,与没有过多交往的人打招呼可采用此距离,是体现社交性或礼节性的较正式关系。在社交距离范围内,已经没有直接的身体接触,双方隔几步远打招呼或寒暄几句便又分开。如果双方相互有吸引力,也可以缩短距离,可灵活掌握。

公共距离是指人们在公共场合的空间需求。在商务活动中,根据活动的对象和目的,选择和保持合适的距离是极为重要的。这是一个能容纳一切人的"门户开放"的空间,人们完全可以对处于这个空间的其他人"视而不见",不予交往,因为相互之间未必发生一定联系。因此,这个空间的交往,大多是当众演讲之类,当演讲者试图与一个特定的听众谈话时,必须走下讲台,使两个人的距离缩短为个人距离或社交距离,才能够实现有效沟通。

人际交往的空间距离不是固定不变的,它具有一定的伸缩性,这依赖于具体情境、交谈双方的关系、社会地位、文化背景、性格特征、心境等。

例如,性格开朗、喜欢交往的人更乐意接近别人,也较容易容忍别人的靠近,他们的自我空间较小。而性格内向、孤僻自守的人不愿主动接近别人,宁愿把自己孤立地封闭起来,对靠近他的人十分敏感,他们的自我空间受到侵占,最易产生不舒服感和焦虑感。

此外,人们对自我空间的需要也会随具体情境的变化而变化。例如,在拥挤的公共汽车上,人们无法考虑自我空间,因而也就容忍别人靠得很近。这时已没有亲密距离还是公共距离的界限,自我空间很小,彼此间不得不通过躲避别人的视线和呼吸来表示与别人的距离。

然而,若在较为空旷的公共场合,人们的空间距离就会扩大,如公园休息亭和较空的餐馆,别人毫无理由挨着自己坐下,就会引起怀疑和不自然的感觉。所以,人们有时会试图通过选择适当的位置来独占一块公共领地。

可见,人们确定相互空间距离的远近不仅取决于文化背景和社会地位,还有性格和具体情境等因素。我们了解了交往中人们所需的自我空间及适当的交往距离,就能有意识地选择与人交往的最佳距离。通过空间距离的信息,我们还可以很好地了解一个人的社会地位、性格以及人们之间的相互关系,更好地进行人际交往。

案例故事

无处安放的椅子

一位心理学家做过这样一个实验:在一个刚刚开门的大阅览室里,当里面只有一位读者时,心理学家就进去拿椅子坐在他或她的旁边。试验进行了整整 80 个人次。结果证明,在一个只有两位读者的空旷的阅览室里,没有一个被试者能够忍受一个陌生人紧挨自己坐下。

二、服务距离

服务距离是服务过程中服务人员与服务对象之间所保持的距离。在服务过程中,把握恰当的服务距离既可以带给双方安全感,又可以让客人感受到舒适和服务的专业,这无疑是提升服务质量的重要因素。

(一)服务距离在服务行业中的重要性

提高服务质量:适当的距离可以提供更好的服务体验,使服务人员能够更好地理解客人的需求,并提供满足其需求的服务。

建立信任关系:服务人员与客人的距离也是建立信任关系的重要因素。过近或过远的服务距离可能会让客人感到不舒服或不安,而适当的距离则可以建立信任和舒适的关系。

维护个人隐私:在服务过程中,客人可能需要保持一定的隐私。服务人员需要尊重客人的隐私,并在合适的距离内提供服务,以避免侵犯客人的隐私。

增强专业性:在服务过程中,服务人员需要展现专业性。保持适当的距离可以增强服务人员的专业形象,并使客人更加信任服务人员的专业能力。

提高服务效率:适当的距离可以提高服务效率。服务人员可以在合适的距离内提供服务,避免不必要的移动和打扰,从而提高服务效率。

综上所述,服务距离在服务行业中具有重要意义,适当的距离可以提升服务质量、建立信任关系、维护个人隐私、增强专业性和提高效率。

(二)服务距离类型

服务距离因具体情境而变化,以更好地满足服务对象的需求并维持良好的服务关系。服务距离主要有以下类型:

常规服务距离:这是服务人员应服务对象的要求,为对方直接提供服务时所保持的距离。通常,这个距离在 0.5 米至 1.5 米,但也会根据具体情况调整。

展示距离:当服务人员需要在服务对象面前进行操作示范时,为了让后者对服务项目有更直观、更充分、更细致的了解,所保持的距离。这个距离通常在 1 米至 3 米之间。

引导距离:当服务人员为服务对象带路时,双方之间的距离。根据惯例,服务人员行进在服务对象左前方 1.5 米左右最合适。

待命距离:特指服务人员在服务对象尚未传唤自己、要求自己提供服务时,与对方自觉保持的距离。正常情况下,这个距离在 3 米以外,但需要保持在服务对象的视线所及范围内。

信任距离:这是为了表示服务人员对服务对象的信任,并使对方在浏览、斟酌、选择或体验服务时更为专心而采取的距离。即服务人员会离开对方视线一段时间,但不应躲在附近暗中监视,也不要去了不回,使服务对象在需要时找不到人。

项目小结

仪态是人们在交往活动中表现出来的各种姿态,优雅得体的仪态体现了服务人员的素质,更是对客人的尊重,是优质服务的基本保障,也是服务人员需要修炼的基本功。

复习思考

1. 简述站姿的基本要求。
2. 简述入座的礼仪。
3. 简述服务人员目光注视的基本要领。
4. 微笑的训练方法有哪些?
5. 简述蹲姿的注意事项。

实操训练

1. 与不同年龄、不同性别、不同职业、不同性格、不同情境的人交流时,大胆尝试使用不同的眼神,并考察社交效果如何。
2. 填写标准站姿操作方法和要求,表演标准站姿,并拍摄视频作业。

实训项目	操作流程	操作方法和要求	实训考核			
			个人自评（20%）	小组互评（30%）	教师评分（50%）	总分
标准站姿	1. 头正、双目平视、嘴唇微闭、下颌微收、面容平和自然	1.忌全身不端正。力戒头歪、肩斜、胸凹、臂曲。2.忌双腿叉开过大。站立过久，可采用稍息的姿势，双腿可以适当叉开一些。3.忌双脚随意摆动。不可用脚尖乱点乱划、够东西、蹭痒痒等				
	2. 双肩放松，稍向下沉，身体有向上的感觉，呼吸自然					
	3. 躯干挺直，收腹、挺胸、立腰					
	4. 双腿并拢立直，身体重心放在两脚中间					

3.填写行姿操作方法和要求,表演标准行姿,并拍摄视频作业。

实训项目	操作流程	操作方法和要求	实训考核			
			个人自评（20%）	小组互评（30%）	教师评分（50%）	总分
行姿	1. 双目平视，下颌微收，面容平和自然	1.注意步位（即两脚着地时的位置）。女士脚内侧要交替前行在一条直线上；男士两脚内侧交替前行在两条平行线上，相距不得超过自己拳头大小的一半。2.步幅适当。标准步幅应为前脚的脚跟与后脚的脚尖相距一脚长。女士着旗袍、西装裙、礼服时，步幅应小一些,穿长裙、长裤时，步幅可适当加大。女士以每分钟120～125个单步为宜；男士为每分钟100～120个单步				
	2.肩平不摇，双臂前后自然摆动，摆幅为30～40厘米为宜，双肩不要过于僵硬					
	3. 挺胸、收腹、立腰					
	4. 起步时，身体要前倾，身体重量落于前脚掌，不要停留于后脚跟					

4.填写标准坐姿操作方法和要求,表演标准坐姿,并拍摄视频作业。

实训项目	操作流程	操作方法和要求	实训考核			
			个人自评（20%）	小组互评（30%）	教师评分（50%）	总分
标准坐姿	1. 径直走到座位前,转身后退,轻稳坐下,不要发出声响	1. 坐时不可前倾后仰,或是歪歪扭扭。 2. 两腿不可过于叉开,也不可长长地伸开。 3. 坐下后不应随意挪动椅子。 4. 不可以将大腿并拢,小腿分开,或双手放于臀下。 5. 腿不可不停地抖动。 6. 女士穿裙装入座时,应将裙摆向前收拢后再坐下				
	2. 入座时,还可自然地将右腿先靠近椅子,测试一下椅子的高低远近,除可稳定重心外,还可避免将臀部翘起,使入座姿势优美					
	3. 在正式社交场合,一般只坐满椅子的2/3或1/2					
	4. 头正,双目平视前方,嘴唇微闭,下颌微收,面容平和自然					
	5. 上体自然坐直,不要僵硬、立腰,双肩平正放松,双臂自然弯曲,双手交叉放在大腿上					
	6. 双膝并拢,双脚平落在地上					
	7. 起立时平稳自然,右脚向后收半步,而后站起					

5. 填写标准蹲姿操作方法和要求,表演标准蹲姿,并拍摄视频作业。

实训项目	操作流程	操作方法和要求	实训考核			
			个人自评(20%)	小组互评(30%)	教师评分(50%)	总分
标准蹲姿	1. 上身尽量保持挺直、立腰	1. 忌膝盖正对着对方。 2. 忌如小孩子般随便地全蹲下去,这样会使你的正面形象看上去不美,腿会显得短而粗。 3. 忌突然蹲下去,蹲下的速度切勿过快				
	2. 蹲时,右脚退后一小步,如女士穿裙装,应用手先拢一下裙摆,左膝盖稍向内侧斜,然后缓缓蹲下,实行两膝高低不一致的半蹲式					
	3. 起身后,收回右脚					

6. 填写职业式微笑操作方法和要求,表演职业式微笑,并拍摄视频作业。

实训项目	操作流程	操作方法和要求	实训考核			
			个人自评(20%)	小组互评(30%)	教师评分(50%)	总分
职业式微笑	1. 眼睛微微眯起	1. 在商务工作中不要讥笑,使对方恐慌。 2. 不要冷笑,使对方产生敌意				
	2. 颧骨主肌、眼轮匝肌没有明显收缩					
	3. 嘴角上提,被平拉向耳朵的方向					

模块 三

接待服务礼仪

项目 一
见面礼仪

引言：人际交往中往往需要在适当的时机向交往对象相互行礼，以示自己对交往对象的尊重、友好及敬意。见面礼仪是人们会面时约定俗成的互行的礼仪。职场中，见面礼仪不仅仅是个人形象与修养的展现，更是代表了员工所在企业在人前的"第一印象"。

【教学目标】

1. 了解我国见面礼仪的起源。
2. 掌握见面礼仪要点。
3. 能正确恰当地在职场中使用见面礼仪。

任务一　通用见面礼仪

微课21：日常交往见面礼仪　　　　　　　　微课22：见面礼仪实操演示

> **导学案例**
>
> 　　小美毕业后在一家高铁施工单位做文职，周末和闺蜜聚餐时偶遇上司李经理，和李经理打完招呼后，小美拉过闺蜜说："给你介绍下，这是我公司的李经理。李经理，这是我的朋友。"李经理此时面露不快……
>
> ···
>
> 　　**问题**：为什么李经理会面露不快？
>
> 　　**点评**：李经理面露不快，或许是因为在职场之外偶遇下属，本期望能享受片刻的私人空间与自由，却被突如其来的"工作介绍"拉回了职业角色的框架中。再者，职场中的等级与界限在私下场合被如此直接地提及，可能让李经理感到一丝不自在，仿佛私人聚会也变成了某种形式的"工作汇报"。职场礼仪讲究的是适时适度，小美虽出于好意，却未能精准把握分寸，让这场偶遇多了几分尴尬与不自在。

　　见面是交往的开始，人与人之间的交往中第一礼节就是见面礼仪，见面礼仪给对方留下的第一印象，对交往的深度和广度起着决定性的影响。举止庄重大方，谈吐文雅，在交往之初能使对方形成牢固的心理定式，会对以后的交往产生积极的影响。

　　在不同文化中，见面礼仪各不相同。在中国古代，最常见、最流行的见面礼仪是作揖。作揖，是礼乐制度的重要环节。《周礼·秋官司仪》记载，根据双方的地位和关系，作揖分为6种：土揖、时揖、天揖、特揖、旅揖、旁三揖。

　　土揖是天子会见庶姓诸侯的一种礼节，拱手前伸而稍向下。时揖是天子会见异姓诸侯的一种礼节，拱手向前平伸。天揖是天子会见同姓诸侯的一种礼节，拱手前伸而稍上举。特揖是贵族之间的礼节，一个一个地作揖。旅揖是大夫级别高官之间的礼节，分别作揖。旁三揖是卿大夫家臣之间的礼节,对众人一次作揖三下。按照礼仪制度,古代的作揖等级森严,非常复杂,不能出错,否则就会被视为非礼、僭越。3000年来,作揖这种礼仪也在不断演变。为了适应不同的场合。作揖演化成拱手礼、叉手礼、抱拳礼等多种形式。

此外,鞠躬也是古人常用的见面礼仪。鞠躬时应立正,脱帽,微笑,目光正视,上身前倾15°～30°(赔礼、请罪除外)。平辈应还礼,长辈和上级欠身点头即算还礼。

当今社会,人际交往中通用的见面礼仪是握手礼。

一、握手礼

(一)握手礼的渊源

握手礼源于西方人类半野蛮、半文明时期,在战争和狩猎时,人们手上经常拿着石块或棍棒等,作为防御武器。他们遇见陌生人时,如果大家都无恶意,就要放下手中的东西,并伸开手掌让对方摸摸手心,表示自己手中没有藏着什么武器,以证实自己的友好。这种习惯逐渐演变成今天作为见面和告辞的"握手"礼节,被大多数国家所接受。在我国,握手礼不但在见面和告辞时使用,而且还被作为一种祝贺、感谢或相互鼓励的表示。

(二)握手礼的施礼方式

握手时,可以用单手握,即会面的双方各自伸出右手,手掌均呈垂直状态,四指并拢,拇指张开,肘关节微屈,抬至腰部,上身微向前倾,相距约一步远,目视对方与之右手相握。上下轻摇,一般以三五秒为宜。也可用双手握,即为了表示对对方加倍的亲切和尊敬时,自己同时伸出双手,握住对方双手。但是这种握手方式只在年小者对年长者,身份低者对身份高者,或同性朋友之间握手时使用。男子对女子一般不用这种礼节。

握手时,若掌心向下,则表现出一种支配欲和驾驭感;握手时,若掌心向上,显得谦恭;伸出双手捧接对方的右手时,则更是谦恭备至了。由此可见,各种不同的握手方法其含义是不同的,给人的礼遇也不尽相同,从礼貌的角度来讲,在社交中最好选择单手握法,不论对谁都能有一种亲切、平等、自然的感觉。(图3-1-1)

图3-1-1

（三）握手礼的行礼要求

1. 先后顺序

通常年长（尊）者、女士、职位高者、上级、老师先伸手，然后年轻者、男士、职位低者、下级、学生及时呼应。来访时，主人先伸手，以表示热烈欢迎，并说等候多时了。告辞时，待客人先伸手后，主人再伸手与之相握，才合乎礼仪，否则就有逐客之嫌。朋友和平辈之间谁先伸手可不作计较。但要注意，男士和女士之间绝不能男士先伸手，这样不但失礼，而且有占人便宜之嫌。

2. 握手时间

握手时间控制的原则可根据握手的亲密程度掌握。初次见面者，握一两下即可，一般应控制在三秒钟之内，切忌握住异性的手久久不松开。握住同性的手的时间也不宜过长。

3. 握手的力度

握手的力度一般以不握疼对方的手为限度。有人用力过猛，握得对方龇牙咧嘴，会有故意示威之嫌，当然完全不用力或柔软无力地将手握在对方的手上，给人的感觉是这个人缺乏热忱，没有朝气。

（四）注意事项

（1）握手时切忌左顾右盼，心不在焉，目光寻找第三者，而冷落对方。

（2）与客人见面或告辞时，不能跨门槛握手，要么进门，要么在门外。

（3）握手双方除非是年老体弱或者有残疾的人，否则应站立而不能坐着握手。

（4）若使用单手相握时，应伸右手与之相握，左手自然下垂，不能插在口袋里。

（5）男士不能戴着帽子和手套与他人握手，军人可不脱帽先行军礼，后握手。

（6）握手时不要抢握，切忌交叉相握。握手时忌用左手同他人握手，除非右手太脏或有残疾，特殊情况应说明原因并道歉。

二、致意

致意是一种常用的礼节，它表示问候之意，通常用于相识的人在各种场合打招呼。

向对方致以问候时，应该诚心诚意，表情和蔼可亲。若毫无表情或精神萎靡不振，会给人以敷衍了事的感觉。具体的致意方法有以下几种：

（一）举手致意

举手致意，一般不出声，只将右臂伸直，掌心朝向对方，轻轻摆一下手即可，不要反复摇动。举手致意，适于向较远距离的熟人打招呼。

（二）点头致意

点头致意，适于不宜交谈的场所，如在会议、会谈进行中，与相识者在同一场合见面或与仅有一面之交的人在社交场合重逢，都可以点头为礼。点头致意的方法是头微微向下一动，幅度不大。

（三）欠身致意

欠身致意，全身或身体的上部微微向前一躬，这种致意方式表示对他人的恭敬，其适用范围较广。

（四）脱帽致意

与朋友、熟人见面时，若戴着有檐的帽子，则以脱帽致意最为适宜。即微微欠身，用距对方稍远的一只手脱帽子，将其置于大约与肩平行的位置，同时与对方交换目光。

致意时要注意文雅，一般不要在致意的同时向对方高声叫喊，以免妨碍他人。致意的动作也不可以马虎，或满不在乎，必须是认认真真的，以充分显示对对方的尊重。

知识拓展

多姿多彩的见面礼

每个国家不同的文化传统往往会衍生出不同的礼仪习俗，因此每个国家以示友好的见面礼仪也各有千秋。除了前面讲的鞠躬和握手、致意外，比较流行的还有两类。

1. 合掌礼

合掌礼亦称合十礼，佛教礼节，盛行于印度和东南亚佛教国家，泰国尤盛。行礼时，双手合拢于胸前，微微低头，神情安详、严肃。对长者双手举得越高越有礼，但手指尖不得超过额头。接待外国旅游者时，对方行合掌礼，我们应以同样形式还礼。

2. 拥抱接吻礼

拥抱接吻礼是盛行于西方和阿拉伯世界的礼节。在一般情况下，父母子女间亲脸或额头，平辈亲友间亲面颊，亲人、好友之间拥抱、亲脸、贴面颊。在公共场合，见面时拥抱亲吻以示亲热，但通常只是一种礼节。关系亲近的女士间亲脸，男士之间抱肩，男女之间贴脸颊；晚辈亲长辈额头，长辈亲晚辈的脸或额头；对女士，男士吻其手背以示尊敬。

三、称呼礼仪

称呼礼仪是指在社交场合中，人们如何称呼彼此的一种规范和准则。正确的称呼能够让对方感到被尊重和重视，有助于建立良好的人际关系。

（一）常用称呼

1. 社交、工作场合中常用的称呼

在工作岗位上，人们彼此之间的称呼是有其特殊性的。它总的要求是庄重、正式、规范。

（1）职务性称呼，就高不就低。一般在较为正式的官方活动、政府活动、公司活动、学术性活动中使用。以示身份有别，敬意有加，而且要就高不就低。这种称呼，具体来说分三种情况：

①只称职务。如：董事长、总经理等。

②职务前加姓氏。如：王总经理、张主任、刘校长等。

③职务前加上姓名。适合极为正式的场合。如：×××市长等。

（2）职称性称呼。对于有专业技术职称的人，可用职称相称。

①仅称职称。如：教授、律师、工程师等。

②在职称前加姓氏。如：龙主编、常律师、叶工程师等。

③在职称前加姓名。适合正式的场合。如：×××教授、×××研究员等。

（3）学衔性称呼。这种称呼，增加被称者的权威性，同时有助于增加现场的学术气氛。有四种情况：

①仅称学衔。如：博士。

②加姓氏。如：刘博士。

③加姓名。如：刘选博士。

④将学衔具体化，说明其所属学科，并在后面加上姓名。如：法学博士刘选。这种称呼最正式。

（4）行业性称呼。在工作中，按行业称呼。可以直接以职业作为称呼，如老师、教练、会计、医生等。在一般情况下，此类称呼前，均可加上姓氏或者姓名，如刘老师、于教练、王会计等。

（5）泛尊称。就是对社会各界人士在一般较为广泛的社交中，都可以使用的，如小姐、女士、夫人、太太。未婚者称"小姐"，已婚者或不明其婚否称"女士"。男的叫"先生"。不分男女都叫同志。

2.生活中的称呼

生活中的称呼应当亲切、自然、准确、合理。

对亲属的称呼：

（1）对自己亲属的称呼。与外人交谈时，对自己亲属，应采用谦称。对他人的亲属的称呼，要采用敬称。

（2）对朋友、熟人的称呼：

①敬称。对任何朋友、熟人，都可以用人称代词"你""您"相称。对长辈、平辈，可称"您"；对晚辈，可称"你"。对有身份的人或年纪大的人，应称"先生"；对文艺界、教育界以及有成就、有身份的人，称"老师"；对德高望重的人，称"公"或"老"，如"秦公""谢老"。被尊称的人名字是双名，将双名中的头一个字加在"老"之前，如称周培公先生为"培老"。

②姓名的称呼。平辈的朋友、熟人，彼此之间可以直呼其姓名，如"王迎""李香"；长辈对晚辈也可以这样做，但晚辈对长辈却不能这样做。为表示亲切，可免呼其名，在被呼者的姓前加上"老""大"或"小"字相称，如"老马""大李""小杜"。

对关系极为亲密的同性的朋友、熟人，可不称其姓，直呼其名，如"晓龙"等；但不可对异性这样称呼，只有其家人或恋人才允许这样称呼。

③亲近的称呼。对于邻居、至交，可用令人感到信任、亲切的称呼，如"爷爷""奶奶""大爷""大妈""叔叔""阿姨"等类似血缘关系的称呼，也可以在这类称呼前加上姓氏，如"毛爷爷"等。

（3）对一般（普通）人的称呼。对一面之交、关系普通的人，可视情况采取下列称呼：同志、先生、女士、小姐、夫人、太太等。

3.外交中的称呼

国际交往中，因为国情、民族、宗教、文化背景的不同，称呼就显得千差万别。一是要掌握一般性规律，二是要注意国别差异。

一般都可以称小姐、女士、夫人、先生。

还有称其职务和对地位较高者称"阁下"的，如"市长先生""大使阁下"。教授、法官、律师、医生、博士，因为他们在社会中很受尊重，可以直接作为称呼。

在英国、美国、加拿大、澳大利亚、新西兰等讲英语的国家里,姓名一般由两个部分构成,通常名字在前,姓氏在后,如"理查德·尼克松"。女子结婚后,通常她的姓名由本名与夫姓组成,如"玛格丽特·撒切尔",玛格丽特为本名,撒切尔为夫姓。有些英美人的姓名前会冠以"小"字,如"小乔治·威廉斯",这个小字与年龄无关,而是表示他沿用了父名或父辈之名。这些国家,一般称其姓,并加上先生、小姐、女士、夫人。对于关系密切的,不论辈分可以直呼其名而不称姓。

俄罗斯人的姓名有本名、父名和姓氏三个部分。妇女的姓名婚前使用父姓,婚后用夫姓,本名和父名通常不变。在俄罗斯,一般的口头称呼只采用姓或本名。

日本人的姓名排列和我们一样,不同的是姓名字数较多。日本妇女婚前使用父姓,婚后使用夫姓,本名不变。

(二)称呼的禁忌

我们在使用称呼时,一定要避免下面几种失敬的做法。

1. 错误的称呼

常见的错误称呼无非就是误读或是误会。误读也就是念错姓名。为了避免这种情况的发生,对于不认识的字,事先要有所准备;如果是临时遇到,就要谦虚请教。误会,主要是对被称呼的年纪、辈分、婚否以及与其他人的关系作出了错误判断。比如,将未婚妇女称为"夫人",就属于误会。相对年轻的女性,都可以称为"小姐",这样对方也乐意听。

2. 使用不通行的称呼

有些称呼,具有一定的地域性,比如山东人喜欢称呼"伙计",但南方人听来"伙计"肯定是"打工仔"。

3. 使用不当的称呼

工人可以称呼为"师傅",道士、和尚、尼姑可以称为"出家人"。但如果用这些来称呼其他人,就不合适。

4. 使用庸俗的称呼

有些称呼在正式场合不适合使用。例如,"兄弟""哥们儿"等一类的称呼,虽然听起来亲切,但显得档次不高。

5. 称呼外号

对于关系一般的,不要自作主张给对方起外号,更不能用道听途说来的外号去称呼对方,也不能随便拿别人的姓名乱开玩笑。

它不仅反映着自身的教养、对对方尊重的程度,甚至还体现着双方关系达到的程度和社会风尚。务必注意:一是要合乎常规,二是要入乡随俗。

(三)称呼的注意事项

需要注意的是,具体的称呼方式可能会因地区、文化、习惯等因素而有所不同。在社交场合中,要根据具体情况选择合适的称呼方式,以建立良好的人际关系。

对生活中的称呼、工作中的称呼、外交中的称呼、称呼的禁忌要细心掌握,认真区别。生活中的称呼应当亲切、自然、准确、合理。

在工作岗位上，人们彼此之间的称呼是有特殊性的，要求庄重、正式、规范。以交往对象的职务、职称相称，这是一种最常见的称呼方法。

四、介绍礼仪

案例赏析

小王所在公司近期计划和法国一知名公司商谈合作，公司派他前去接机。小王自信满满地要给对方留下好印象，不负公司的厚望。谈判当天，小王早早去机场等待，对方是一男一女，一见面，小王先是握手示好，接着直接称呼"你好，先生。你好，女士"。行礼过后，小王顿时感到对方并不是很自在，但也没多想，就一同赶往公司。来到公司后，小王觉得本公司的合作谈判人员对对方还不了解，就一一给本公司的人员介绍对方，然后又向自己同事介绍了对方。最终，谈判以失败告终，小王很不理解，在这次谈判后小王也被炒了鱿鱼，他沮丧至极，想不通自己到底做错了什么。

点评：不论在机场还是公司，小王都没能做到正确使用称呼礼、握手礼和介绍礼，导致最终被炒鱿鱼。

商务礼仪包括语言、表情、行为、环境等诸多因素。身处职场，是否懂得和运用现代商务活动中的基本礼仪，不仅反映出个人的综合素质，也折射出企业的管理风格和专业水准。我们的一举一动，时刻代表着公司的形象，所以，不管在任何社交场合，只要我们作为员工代表着公司，就一定要做到约束自己，尊重环境和他人，从而树立良好的个人形象和企业形象。

介绍是向交谈的对象说明自己或他人的情况，使原本陌生的人互相认识。在日常生活中，我们经常会为他人作介绍，即介绍不认识的人相互认识，或是把某人引荐给其他人。为他人作介绍时（即你给别人作介绍），不仅要熟悉双方的情况，而且要特别注意介绍的礼仪顺序和介绍时的姿态。

（一）介绍顺序

介绍时遵循"尊者居后"原则，即先把身份、地位较低者介绍给身份、地位较高者，让尊者优先了解对方的情况，以表示对尊者的敬重之意（但在口头表达上，则是先称呼尊者，然后再介绍）。总之，给别人作介绍应遵循的原则是，让尊者优先了解对方情况；具体顺序是把地位低者先介绍给地位高者，把年轻者（晚辈）先介绍给年长者（长辈），把男士先介绍给女士，把公司人员先介绍给客户。

1. 年龄角度

介绍时要将年幼者介绍给年长者。我们在给别人做介绍时，要把年幼者介绍给年长者，以示对长者的尊敬，而不能先将长者介绍给幼者。

2. 辈分角度

介绍时要将晚辈介绍给长辈。我们在给别人做介绍时，根据辈分的不同，要将晚辈介绍给长辈，以示对长辈的尊敬，千万不要先将长辈介绍给晚辈。

3. 师生角度

介绍时要将学生介绍给老师。我们在给别人做介绍时,如果双方是师生关系,那么我们就要将学生介绍给老师,以示我们对老师的尊敬。

4. 性别角度

介绍时要将男士先介绍给女士。我们在给别人做介绍时,从性别角度来讲,要将男士先介绍给女士,以示对女士的尊重,切勿先将女士介绍给男士,这是不礼貌的做法。

5. 主客关系

介绍时要将客人介绍给主人。当你带着朋友来到另一个朋友家的时候,你是客人同时也要充当介绍者的身份,那么按照介绍顺序礼仪,应先介绍客人,后介绍主人。

总体而言,为他人做介绍要遵循先卑后尊、先小后长、先男后女、先主后客、先下级后上级的原则。

(二)介绍的礼仪姿态

介绍时不可用单手指指点对方,而应手掌心向上,五指并拢,胳膊向外微伸且斜向被介绍者。向谁介绍,眼睛应注视着谁。被介绍者应微笑朝向对方。介绍完毕后,被介绍者双方一般应握手,彼此问候一下,也可以进一步互递名片。介绍时一般应站立,但在宴会或会谈桌上可以不起立,微笑点头示意即可。

介绍的语言遵循宜简不宜繁的原则。较正规的介绍,使用敬辞,如:"××小姐,请允许我向您介绍,这位是……"较随意的介绍如"××先生,我来介绍一下,这位是……"介绍内容一般涵盖介绍双方的姓名、单位、部门以及职务。不论是自我介绍还是给别人作介绍,被介绍双方态度都应友好、大方,切忌傲慢无理。

1. 相互介绍

如果忘了被介绍者的姓名,应实事求是地告诉对方,并说声"对不起"。如果介绍人叫错了你的名字,或发错了音,应礼貌地加以纠正,但应尽量避免使对方难堪。

2. 自我介绍

自我介绍通常选择在不妨碍他人工作和交际的情况下进行。这时介绍的内容首先应是自己的公司名称、职位和姓名,然后给对方一个自我介绍的机会。

3. 为他人做介绍

介绍时遵循将下级介绍给上级的原则。我们在给别人做介绍时,如果两个人级别不同,要将下级介绍给上级,以示我们对上级领导的尊敬。

4. 注意事项

(1)作为介绍人,应当清晰、完整、准确地表述被介绍人的姓名和身份;

(2)简洁明了;

(3)热情友好,尊重,不敷衍;

(4)配合身体语言,如起立、握手,点头致意或微笑致意等。

五、名片递接礼仪

在社交场合,名片是自我介绍的简便方式,是一个人身份的象征,当前已成为人们社交活动的重要工具。那递送名片时,又有什么礼仪要求呢?

（一）递送名片

递送时应将名片正面面向对方，双手奉上，眼睛注视对方，面带微笑，并大方地说："这是我的名片，请多多关照。"名片的递送应在介绍之后，在尚未弄清对方身份时不应急于递送名片，更不要把名片视同传单随便散发。与多人交换名片时，应依照职位高低或由近及远的顺序依次进行，切勿跳跃式地进行，以免使人有厚此薄彼之感。（图 3-1-2）

图 3-1-2

（二）接受名片

接受名片时应起身，面带微笑注视对方。接到名片时应说"谢谢"并微笑阅读名片。然后回敬一张本人的名片，如身上未带名片，应向对方表示歉意。在对方离去之前或话题尚未结束时，不必急于将对方的名片收藏起来。

（三）存放名片

接过别人的名片切不可随意摆弄或扔在桌子上，也不要随便地塞进口袋或丢在包里，应放在西服左胸的内衣袋或名片夹里，以示尊重。

案例赏析

有一批应届毕业生 22 个人，实习时被导师带到北京的××单位实验中心参观。全体学生坐在会议室里等待主任的到来，这时秘书给大家倒水，同学们表情木然地看着她忙活，其中一个还问了句："有冰咖啡吗？天太热了。"秘书回答说："抱歉，刚刚用完了。"林然看着有点别扭，心里嘀咕："人家给你水还挑三拣四。"轮到他时，他轻声说："谢谢，大热天的，辛苦了。"秘书抬头看了他一眼，因为虽然这是很普通的客气话，却是她今天唯一听到的一句。

这时，主任走进来和大家打招呼，不知怎么回事，静悄悄地，没有一个人回应。林然左右看了看，犹犹豫豫地鼓了几下掌，同学们这才稀稀落落地跟着拍手，由于不齐，越发显得凌乱起来。主任挥了挥手："欢迎同学们到这里来参观。平时这些事一般都是由办公室负责接待，因为我和你们的导师是老同学，非常要好，所以这次我亲自来给大家讲一些有关情况。我看同学们好像都没有带笔记本，这样吧，李秘书，请你去拿一些我们实验室印的纪念手册,送给同学们做纪念。"接下来,更尴尬的事情发生了,大家都坐在那里,很随意地用一只手接过部长双手递过来的手册。主任脸色越来越难看,来到林然面前时,已经快要没有耐心了。就在这时,林然礼貌地站起来,身体微倾,双手接住手册,恭敬地说了一声:"谢谢您!"主任伸手拍了拍林然的肩膀:"你叫什么名字?"林然照实作答,主任微笑点头。早已汗颜的导师看到此景,才微微松了一口气。

两个月后,同学们各奔东西,林然的去向栏里赫然写着××单位实验中心。有几位颇感不满的同学找到导师:"林然的学习成绩最多算是中等,凭什么推荐他而没有推荐我们?"导师看了看这几张稚嫩的脸,笑道:"是人家点名来要的。其实你们的机会是完全一样的,你们的成绩甚至比林然还要好,但是除了学习之外,你们需要学的东西太多了,修养是第一课。"

点评:在这个案例中,林然的行为不仅在细微之处展现了良好的教养与同理心,更在关键时刻以行动诠释了尊重与礼貌的力量。当同学们对秘书的辛勤服务视而不见,甚至提出无理要求时,林然的一句"谢谢,大热天的,辛苦了",不仅温暖了秘书的心,也悄然在众人心中种下了反思的种子。主任入场时的冷场,更是对这群年轻学子社交礼仪的一次考验。林然虽犹豫,却勇敢地迈出第一步,用掌声打破了沉默,引领大家共同响应,展现了领导力与团队精神。而在接收纪念手册的细节上,林然的举动更是成为全场的亮点,他的恭敬与尊重,不仅赢得了主任的认可,也让在场的每一个人深刻意识到,修养与礼貌在职场乃至人生中的重要性。

两个月后,林然凭借这份难能可贵的品质,赢得了××单位实验中心的青睐,这无疑是对他个人修养的最好证明。导师的回应,既是对林然的肯定,也是对其他学生的鞭策。这告诉我们,在竞争激烈的现代社会,除了扎实的专业知识,良好的人际交往能力和高尚的品德修养同样不可或缺。林然的故事,如同一面镜子,让每位读者都能从中看到自己的不足,也激励着我们在未来的道路上,不仅要追求学术上的卓越,更要注重个人修养的提升,让礼貌与尊重成为我们最坚实的盔甲。

任务二　服务人员见面礼仪

微课23:服务
人员见面礼仪

导学案例

小美培训结束,正式成为一名高速列车乘务员,第一天上车的小美非常高兴,她早早地在负责的列车车厢门口等待旅客,远远有乘客走来就主动微笑、问候、鞠躬,换来了乘客张张笑脸和交口称赞,小美很开心。列车开动了,小美关好门转身正要走进车厢时,迎面来了一位提着行李找座位的女士,因列车长突然找她有急事,小美就没打招呼从女士身边挤了过去,结果不小心把女士撞倒,女士扭了脚。为了此事,这位女士投诉了小美,认为小美服务态度差、举止粗鲁,小美被领导狠狠批评了。

　　问题：这个案例里,小美哪些地方做错了？服务人员接待旅客时,如何做才是最规范得体的？

　　点评：小美初任高速列车乘务员,满腔热情却遭遇了职业生涯的小波折。她错在两点:一是紧急情况处理不当,面对列车长的急召,虽情有可原,但忽略了周围乘客的安全与感受,未采取更稳妥的方式避让,如轻声致歉并示意让路。二是服务意识的瞬间缺失,作为服务行业的代表,任何时刻都应保持对乘客的尊重与关怀,即便是匆忙之中,也应尽量以礼貌的手势或简短的话语与乘客沟通,避免造成误解。服务人员接待旅客时,规范得体的做法应是:始终保持微笑,主动问候,解答疑问,细致观察乘客需求,及时提供帮助。面对突发情况,应迅速而冷静地处理,同时不忘向受影响的乘客表达歉意与关怀,确保每位乘客都能感受到温馨与尊重。此外,良好的职业素养还体现在细节之中,如保持个人形象整洁、语言文明礼貌、动作轻柔得体,让每一次服务都成为传递温暖与美好的桥梁。

　　在服务工作中,接待客户是最为常见的工作情景之一。在与客人见面时,行一个标准的见面礼,会给对方留下深刻而美好的印象,体现出服务人员良好的工作素质和个人修养;同时也为企业塑造了专业的形象。因此,至关重要。

　　相较于日常见面礼仪,服务人员与客人见面时,一般不进行肢体上的接触,而是要分三步行礼,分别是微笑—问候—鞠躬,俗称三项礼仪。三项礼仪是每一位一线服务人员必须学会的服务礼仪,它在工作中起着重要的作用,对客人而言它是优质服务的象征。

一、服务微笑礼仪规范

　　微笑是一种表情,起着沟通人际关系、表达情感的重要作用。例如,在客运服务行业,微笑还是一种职业需要,是客运服务人员对旅客服务心理的外在体现,也是旅客对铁路服务形象最直观的第一印象。

　　世界500强大酒店美国希尔顿酒店,百年来屹立不倒,其最大的经营秘诀就是微笑,创造一种"宾至如归"的文化氛围。希尔顿酒店创始人康拉德·希尔顿每次巡查店铺时,询问工作人员最多的一句话必定是"今天,你对宾客微笑了没有？"

　　微笑第一步是注视宾客。当宾客进入你的视线范围内,大概三米的位置,你就要开始对宾客行注目礼,一次注视宾客的时间不宜过长或过短,3～5秒为宜。掌握好给予宾客微笑的次数,一般以保持在2～3次为最佳。要注意注视角度,一般以平视或仰视为主,眼光只能注视宾客面部从双眉到嘴唇的倒三角区域,以表示尊敬,同时还要注意倾听对方的谈话。

　　第二步是露齿微笑。有礼貌的微笑是发自内心的,是富有亲和力的,是服务人员真实情感的表露。因此,上岗前需要大家调整心情,尽量想开心的事使自己处于积极向上的状态。职业笑容要求微笑时露出6～8颗牙齿,嘴角向上,眼睛微眯,笑容要直达眼底,应时刻注意将真诚和善意传达给宾客。

二、服务问候礼仪规范

问候是一个人礼貌的外在表现,问候是铁路服务人员的基本礼仪要求。问候是我们的工作职责与工作内容,问候代表对宾客的关注与尊重。

在与客人对话时,如果遇到另一客人与你目光接触,应微笑点头示意,不能视而不见,无所表示,冷落客人,要牢记"三、二、一"原则:

"三米"微笑:当我们与宾客目光接触时,应回应以真诚的微笑并点头示意;"二米"问候:当与宾客距离两米左右(大概 3 到 5 步的距离)时进行亲切的问候;"一米"服务:为宾客提供其所需的服务。

服务人员与宾客见面时要主动问候,虽然只是打招呼、寒暄或是简单的三言两语,却代表着对宾客的尊重。规范的服务问候语包括两个部分:称呼+礼貌用语。例如"先生,您好! 欢迎光临!"

因为多数为一面之缘的宾客,所以服务行业对宾客多用泛尊称,例如对男子一般称为先生,女子根据婚姻状况,已婚女子称"夫人",未婚女子称"小姐",不知婚姻状况和难以判断的,可称"女士";小孩就称"小朋友";这几种称呼适合各种社交场合。

服务行业也习惯把礼貌用语挂在嘴边,常用的礼貌用语有:上午 10 点以前可以问候"早上好";上午 10 点以后中午之前可以问候"上午好",太阳落山后可以问候"晚上好";也可以单纯地问候"您好""欢迎光临""祝您旅途愉快"等。

服务人员七大基本礼貌用语:欢迎光临! 谢谢您! 请稍后! 非常抱歉或者真的不好意思! 对不起让您久等了! 是的、好的! 谢谢您的光临,欢迎您下次再来! 在实施服务见面三项礼仪过程中如果能巧妙适当地使用这些基本礼貌用语,可以让顾客觉得备受礼遇。

三、服务鞠躬规范动作

见面三项礼仪的最后一项是鞠躬。鞠躬礼源于中国的商代,是一种古老而文明的对他人表示尊敬的郑重礼节。例如,在客运服务行业,鞠躬礼是对旅客表示尊重的体现。

第一步:行鞠躬礼首先要站直,必须伸直腰、脚跟靠拢、双脚尖处微微分开,抬头、真诚微笑、目视对方。

第二步:行礼时,一般是在离对方 2 米左右的位置,在与对方目光交流的时候行礼。

第三步:以髋骨关节为轴,上身向前倾斜,这时你的头部、颈部和背部要保持一条直线,同时向乘客表示问候。

第四步:弯腰速度适中,之后将垂下的头再次抬起时,动作可慢慢做,这样会令人感觉很舒服。

第五步:身体恢复标准站姿,微笑注视旅客。

一般而言,鞠躬的动作是伴随着问候同时施礼的,问候结束时鞠躬礼也应该完成。

知识拓展

　　鞠躬起源于中国。在商代,有一种祭天仪式曰"鞠祭"——将祭品(猪、牛、羊等)整体弯曲成圆的鞠形,放到祭处奉祭,以此来表达祭祀者的恭敬与虔诚,这些习俗在一些地方一直保留至今。在现实生活中,人们逐渐援引这种形式表示对地位崇高者、长辈等的崇敬,于是,鞠躬已成为一种比较常见的礼仪。在初见的朋友之间、主人客人之间、下级上级之间、晚辈长辈之间、接待服务人员与宾客之间,为了表达对对方的尊重,或表示深深的感激之情,都可施以鞠躬礼。

（一）鞠躬的分类

1. 三度鞠躬

　　一度鞠躬:上身倾斜角度为15°左右,是最常用的鞠躬角度。微微低头,身体上部向下弯约15°,常用于与熟人打招呼,与长辈或上级擦肩而过的时候,向对方表示感谢关照的时候,口头致谢固然重要,若再加上点头鞠躬,更能体现诚意。(图3-1-3)

　　二度鞠躬:上身倾斜角度为30°左右,是商业往来中普遍使用的鞠躬方式,身体上部向下弯约30°,尤其是进出会客室、会议室和向客人打招呼时,常用来表示敬意。(图3-1-4)

　　三度鞠躬:上身倾斜角度为45°左右,表示向对方深度敬礼和道歉,常用于中国传统的婚礼、追悼会等正式仪式,服务场合中很少使用。(图3-1-5)

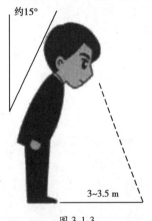
图3-1-3

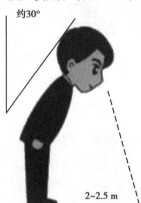
图3-1-4

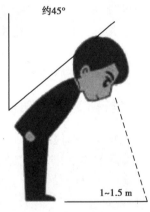
图3-1-5

2. 三鞠躬

(1)行礼之前应当先脱帽,摘下围巾,身体肃立,目视受礼者。

(2)男士的双手自然下垂,贴放于身体两侧裤线处;女士的双手下垂搭放在腹前。

(3)身体上部向前下弯约90°,然后恢复原样,如此三次。

3. 深鞠躬

其基本动作同三鞠躬,区别就在于深鞠躬一般只要鞠躬一次即可,但要求弯腰幅度一定要达到90°,以示敬意。

4. 社交、商务鞠躬礼

(1)行礼时,立正站好,保持身体端正。

（2）面向受礼者,距离为两三步远。

（3）以腰部为轴,整个肩部向前倾15°以上(一般是60°,具体视行礼者对受礼者的尊敬程度而定),同时问候"您好""早上好""欢迎光临"等。

（4）朋友初次见面、同志之间、宾主之间、下级对上级及晚辈对长辈等,都可以行鞠躬礼表达对对方的敬意。

（二）鞠躬的注意事项

1.动作要领

（1）行鞠躬礼时面对客人,并拢双脚,视线由对方脸上落至自己的脚前1.5米处(15°礼),或脚前1米处(30°礼),或脚前0.4米处(60°礼)。

（2）男性双手放在身体两侧,女性双手合起放在身体前面。

（3）必须伸直腰、脚跟靠拢、双脚尖处微微分开。

（4）弯腰速度需适中。

2.鞠躬禁忌

鞠躬要脱帽,戴帽子鞠躬是不礼貌的。鞠躬时,目光应该向下看,表示一种谦恭的态度。鞠躬礼毕起身时,双目还应该有礼貌地注视对方。如果视线转移到别处,即使行了鞠躬礼,也会让人感到不是诚心诚意。在鞠躬时,嘴里不能吃东西或叼着香烟。上台领奖时,要先向授奖者鞠躬,以示谢意,再接奖品。然后转身面向全体与会者鞠躬行礼,以示敬意。

四、见面三项礼仪施礼注意事项

（1）微笑服务——面部两边向左右两边上跷,嘴唇微微开启,不露牙齿。

（2）敬语服务——欢迎光临、您好、请、请慢走、欢迎下次光临、再见等。

（3）敬礼服务——抬头、挺胸、收腹、提臀、两手交叉背于背后左手握右手手腕、两脚与肩同宽、身体向前倾斜15°～20°,两眼注视着对方的鼻梁三角区,停顿三秒钟左右,恢复原位面对客人讲解。其中(2)、(3)项的动作是同时进行的。

服务人员在行进中离客人3～5米时须让步侧身,同时做三项礼仪。待客人走后,方可行进;严禁与客人擦肩而过或不理不睬。

总之,对于服务行业来说,最重要的就是为每一位宾客提供优质的服务,并渗透到每一个细节。贴心、细致、个性化的服务准备是见面礼仪的内核,掌握好与宾客见面的礼仪,是优质服务的良好开始。

项目小结

见面是交往的开始,人与人之间的交往中第一礼节就是见面礼,见面礼给对方留下的第一印象,对交往的深度和广度起着决定性的影响。举止庄重大方、谈吐文雅,在交往之初能使对方形成牢固的心理定式,会对以后的交往产生积极的影响。对于服务行业而言,见面三项礼仪能够充分表达对宾客的尊重,迅速博得顾客的好感,为企业树立良好的第一印象。

复习思考

1. 简述介绍他人的顺序。
2. 简述服务见面礼仪的施礼步骤。

实训操练

结合导学案例进行情境模拟,拍摄小组视频作业。

实训项目	实训内容和流程	实训要求和标准	实训考核			
			个人自评（20%）	小组互评（30%）	教师评价（50%）	总分
握手礼	要点1	1. 握手时,双方相距一米左右,上身略向前倾,两足立正,伸出右手,四指并拢,拇指张开掌心向内,右手掌与地面垂直,手的高度大概与双方腰部齐平,适当用力,上下轻摇几次				
	要点2	2. 初次见面握手时间不宜过长,以三秒钟为宜。切忌握住异性的手久久不松开。男士握女士的手只握其手指部位即可,不宜握满全手				
自我介绍	要点3	3. 要注意介绍的方式、介绍的基本程序以及自我介绍的时机。可在对方有兴趣且空闲时进行,报清自己的姓名和身份以及与正在进行的活动是什么关系				
他人介绍	要点4	4. 他人介绍通常是双向的,也就是说,要把被介绍人各自作一番介绍。需尤其注意他人介绍的顺序,即一一介绍双方时的标准化做法是位高者居后,即地位高的人后介绍。握手的标准化做法则恰恰相反,我们称之为位高者居前				

项目二
引领礼仪

引言：礼，兴于上古，行于诸子，传于当下。不论是人际交往还是企业商务往来，礼仪都十分重要。在对客服务过程中，服务人员的举手投足都是客户对企业的直观印象，优雅得体的引领礼仪能为企业加分进而为促成合作增加砝码。

【教学目标】

1. 了解引领服务流程。
2. 掌握不同地点的引领服务要点、见面礼仪要点。
3. 能正确恰当地在职场中使用引领服务礼仪。

任务一　引领服务礼仪

微课 24：引领
服务礼仪

导学案例

　　小美岗前培训结束后被分配到火车站贵宾厅工作。一天轮到小美值夜班，凌晨 2 点，有一对老夫妇来到贵宾厅候车，他们要到 3 号候车厅等待 4 点 30 分开往沈阳的列车。因为只有小美一人在值班台，她就没有亲自引导他们去对应的候车区，只是口头告知了去 3 号候车厅的路线。结果 5 点小美交班时发现，这对老夫妻在 8 号候车厅昏睡，原来慌乱加上眼神不好，老夫妻错把 8 号候车厅看成了 3 号候车厅，又昏睡过去没听见广播通知，不幸误了车。为此，小美很自责，贵宾厅经理也批评了她。

....

　　问题：当旅客因找不到座位、站台等具体目的地而求助客运服务员时，客运服务员应当积极给予引导帮助。那么到底要怎么引导呢？引导时有哪些注意事项？

　　点评：在火车站这个繁忙而温馨的交通枢纽中，每一位客运服务员都扮演着至关重要的角色，尤其是面对需要特别关照的旅客时。小美这次值班事故，深刻揭示了服务中的关键要素——主动引导与细致关怀。

　　当旅客因视力不佳、方向感差或时间紧迫而迷茫时，客运服务员的引导不应仅限于简单的口头指示。正确的做法应是，首先耐心倾听旅客的需求，确认其目的地无误。随后根据车站布局，为旅客规划一条清晰、易行的路线，并尽量采用直观易懂的方式说明，如"请直走，经过两个自动扶梯后右转，3 号候车厅就在您左手边，标志牌上有明显的数字"。

　　在引导过程中，还需注意几个关键细节：一是保持微笑与耐心，让旅客感受到温暖与安心；二是观察旅客的身体状况与精神状态，对于行动不便或显得疲惫的旅客，更应主动上前搀扶或提供轮椅服务；三是确认旅客是否完全理解指引，必要时可重复说明或亲自带领前往；四是若条件允许，可在旅客到达目的地后通过电话或对讲机简短确认其安全到达，确保万无一失。

　　小美的故事，是对所有客运服务员的一次提醒：在繁忙与琐碎的工作中，不忘初心，以旅客为中心，用心服务，方能避免失误。

在商务礼仪中,不论是大型庆典活动抑或是日常会客接待都离不开引导人。引导人既要熟悉接待安排,又要懂得引导礼仪。常见的引导礼仪随着客人的抵达开始,当客人到达目的地后,引导人员应该有正确的引导方法和引导姿势,以下是典型场景下的引导礼仪。

一、迎候礼仪

当拜访者到达之后,受访者应当热情迎客。迎客过程中应注意以下几方面的礼仪规范:

1. 迎接

若客人就在本地,则主人可按时亲自或派人到单位门口或楼下迎接。若客人远道而来,则主人应提前确认其到达的具体时间,驾车或安排专车前往车站、码头或机场迎接。若与客人素未谋面,则还应准备好接站牌,上面写明"热烈欢迎××先生(或女士)""××单位接待处"等,接站牌最好不用白纸黑字,以免对方感到晦气。若客人为外宾,则应用英文或客人本国的文字书写接站牌,并安排翻译陪同迎接。

2. 问候

见到客人后,主人应主动上前与之握手、作自我介绍,并致以诚挚的问候。

二、引领仪态

一般的日常来访,可以在办公室门口迎客。客人到达后,立即快步迎上前,保持微笑,主动伸手相握同时问候,然后邀请到合适的地方请客人入座。切勿在座位上坐着不动和客人打招呼。临时有事而不能出面接待的,应告知对方并表达歉意,同时安排相关同事迎候、接待。事后应立即出面接待,并再次表达歉意。客人离开时,等客人起身后自己再起身。走在客人后方;客人不识路,则走在客人左前方引路。可以送到办公室门外或电梯口挥手道别并目送客人,直到离开视线后再返回。

1. 单位门口引领

上级领导或重要客户来访,应到公司楼下或大门口迎候。获知到达的时间后,提前到楼下门口或大门口等候。即使对方因堵车迟到,中途也应避免长时间离开。车辆到达并看到车中的来宾时,向来宾挥手致意。可以为主宾打开车门,请其下车,随后主动伸手相握并称呼问候。对于特别重要的来宾,应该主动为来宾开车门。待车辆停稳后,快步走向主宾车门位置,左手打开车门,右手挡在车门上框位置。

客人离开,送到楼下或大门口。客人车辆启动时,挥手道别并注视着车辆,看不到车辆之后再转身回单位。多人迎送时,以离主宾的远近、职位由高到低的顺序略加排序,不应像游兵散勇般乱站或客人还未离开就交头接耳甚而往回走。手势:五指并拢,手心向上与胸齐,以肘为轴向外转。

站位:引领者在客人左前方一米处引领。

2. 楼梯引导礼仪

引导客人上楼时,应让客人走在前面,接待工作人员走在后面,若是下楼时,应该由接待工作人员走在前面,客人在后面。上下楼梯时,应注意客人的安全。通常女士引领男宾,宾客走在前面;男士引领女宾,男士走在前面;男士引领男宾,上楼时宾客走在前面;若宾客不清楚线路,则引领者走在前面。

途中要注意引导提醒客人,拐弯或有楼梯台阶的地方应使用手势,并提醒客人"这边请"或"注意楼梯"等。(图3-2-1)

图 3-2-1

3. 电梯引导礼仪

对于相对重要的客人,提前一两分钟到电梯口等候。电梯门开启后,迎上一步,一手挡住电梯门,另一手做邀请动作,请来宾出电梯。然后主动和主宾伸手相握并问候。对其他随行人员可以逐一握手。对方人多时,也可以对其他随行人员点头环视并微笑致意。

送客人到电梯门口时,电梯门开启后,伸手替客人挡住电梯门,等客人进入电梯,同时挥手道别。客人离开自己视线后再转身离开。先按电梯让客人进,若客人不止一人,先进入电梯,一手按"开",一手按住电梯侧门,"请进";到达目的地后,一手按"开",一手做出"请"的手势,"到了,您先请"。遵循先下后上原则。(图3-2-2)

4. 客厅里的引导礼仪

客人走入会客厅,接待工作人员用手指示,请客人坐下,客人坐下后,行点头礼后离开。如客人错坐下座,应请客人改坐上座(一般靠近门的一方为下座)。

5. 走廊的引导礼仪

接待人员行走的速度要考虑到和对方相协调,不可以走得太快或太慢。接待工作人员在客人两三步之前,尽量

图 3-2-2

不要超过客人,客人走在内侧。每当经过拐角、楼梯或道路坎坷、照明欠佳的地方,都要提醒对方留意,并伴有必要的手势和采取些特殊的体位。如请对方开始行走时,要面向对方,稍微欠身;在行进中和对方交谈或答复提问时,把头部、上身转向对方。(图3-2-3)

6. 出入房间

进入或离开房间时,应注意以下细节:

①先通报。在出入房间时,特别是在进入房门前,一定要先轻轻叩门或按铃,向房内的人进行通报。贸然出入或者一声不吭,都显得很失礼。

②以手开关。出入房门,务必要用手来开门或关门。用肘部顶、用膝盖拱、用臀部撞、用脚尖踢、用脚跟蹬等方式都是不妥的做法。

③后入后出。和别人一起出入房门时,为了表示礼貌,应当自己后进门、后出门,而请对方先进门、先出门。推门后要使自己处于门后或门边,以方便他人进出。(图3-2-4)

图 3-2-3

7. 颁奖引领

以右手或左手抬至一定高度,五指并拢,掌心向上,以肘部为轴,朝一定方向伸出手臂。

(1)首先由导位把受奖人领上台。

(2)礼仪小姐用托盘托住奖品上台(手臂与侧腰大约是一拳的距离。端托盘时,大拇指是露在托盘外边的)。

(3)由导位再把颁奖人引领上台。

(4)礼仪小姐双手递承且鞠躬让颁奖人接过奖杯、奖状或证书(向前微躬15°,把奖杯、奖状或证书递给颁奖人)。

(5)礼仪小姐先下台。

(6)等颁奖人、受奖人拍照留念后,导位分别把颁奖人和受奖人引导回位。

图 3-2-4

任务二　服务手势礼仪

微课25:服务
手势礼仪

导学案例

会说话的肢体语言

　　有一次,意大利著名表演艺术家罗西在一个欢迎宴会上被来宾要求念一段悲剧的台词。罗西说:"演过的戏,台词多已忘记了。"宾客们却坚持请他随便念一段,罗西盛情难却,便站起来用意大利语念了一段。他音调凄凉悲切,动作内敛,听者都潸然落泪。尽管那些外宾听不懂意大利语,但显然被他脸上悲怆的表情、哀伤的肢体语言所感染,再加上他那悲戚的语调听得让人心酸,因此很多人都为之动情落泪。只有一位意大利同行,忍不住到外面走廊里大笑起来。大家都很奇怪地去问他,才知道原来罗西念的不过是摆在桌上的一张菜单。尽管流畅纯熟的语言交流技巧很有必要,但有时肢体语言、表情语言等更具有打动人心的力量,罗西打动大家的无疑是姿态和语调。所以,服务人员在工作中也应该借助无声的语言来辅助有声服务。

┈┈┈┈┈┈┈┈┈┈┈┈┈┈┈┈┈┈┈┈┈┈┈┈┈┈┈┈┈┈┈┈

　　思考:服务人员为什么要重视肢体语言?

　　点评:会说话的肢体语言:服务行业的无声魅力。在意大利那场别开生面的欢迎宴会上,罗西大师以一场意外的"表演"深刻诠释了肢体语言的魔力。当宾客们沉浸在罗西用意大利语编织的悲情氛围中,泪水不自觉地滑落,即便语言不通,那份深切的哀伤却跨越了语言的界限,直击心灵。这一幕,不仅是对艺术力量的颂歌,更是对肢体语言重要性的深刻启示。

　　在服务行业这片充满人情味的舞台上,服务人员便是那无声的语言大师。他们的一颦一笑、一举一动,都是与顾客沟通的桥梁。试想,当顾客踏入餐厅,迎接他们的不仅是温暖的笑容,还有服务员轻轻拉开的椅子,那份细致入微的关怀,无须多言,已让顾客感受到宾至如归的温馨。

　　重视肢体语言,意味着服务人员需具备敏锐的情感洞察力和细腻的表达技巧。一个真诚的微笑,能瞬间拉近与顾客的距离;一个适时的点头,是对顾客需求的精准回应;而一个温柔的拥抱(在适当场合),则能传递出无尽的安慰与鼓励。这些无声的语言,比任何华丽的辞藻都更能触动人心,让服务不仅是完成任务,而且成为一次心灵的交流。

　　因此,对于服务人员而言,掌握并善用肢体语言,是提升服务质量、增强顾客满意度的关键。它要求我们在日常工作中,不仅要注重语言交流的流畅与准确,而且要注重情感的传递与共鸣,让每一次服务都成为一次美好的体验,让肢体语言成为我们最动人的名片。

　　手势是体态语言中最重要的传播媒介,是通过手及手指活动传递信息的一种方式。手势作为信息传递方式不仅远远早于书面语言,而且也早于有声语言。手势语有两大作用:一是能表示形象,二是能表达感情。在社交活动中,手势运用得自然、大方、得体,可使人感到既寓意

明晰又含蓄高雅。

手势的美也是种动态美,如果能够恰当地运用手势来表达自己的情感,将会增进与对方的相互理解,还能传情达意,提升个人形象。在日常生活中,手势具有指引方向、沟通交流、提升形象和辅助语言表达的多重作用。

一、常用手势

(一)V字手势(图3-2-5)

V字手势早已成为世界语了,源自英国,因为V字在英国代表胜利Victory,所以用V来表达对胜利的欢欣,用此手势时需以手指背向自己。但在希腊用此手势则必须把手指背向对方,否则就表示侮辱、轻视对方之意。

(二)OK手势(图3-2-6)

将大拇指和食指搭成一个圆圈,再伸直中指、无名指和小指。这一手势在美国和英国经常使用,相当于英语中的"OK",一般用来征求对方意见或回答对方所征求的话,表示"同意""赞扬""允诺""顺利"和"了不起"。在中国,这个手势表示数目"0"或"3"。在法国,表示"零"和"一钱不值"。在泰国,表示"没有问题"。在印度,表示"对""正确"。在荷兰,表示"正在顺利进行""微妙"。在斯里兰卡,表示言谈礼仪"完整""圆满"和"别生气"。在日本、韩国、缅甸,表示"金钱"。在菲律宾,表示"想得到钱"或"没有钱"。在印度尼西亚,表示"一无所有""一事无成""啥也干不了"。在突尼斯,表示"无用""傻瓜"。在希腊,这个手势被认为是很不礼貌的举止。另外,有些国家用这一手势来表示"圆""洞"等。

图3-2-5　V字手势

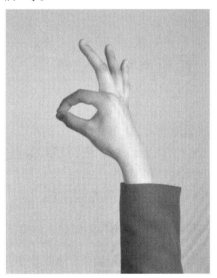

图3-2-6　OK手势

(三)暂停手势

一般情况下用的人比较多地右手平放,左手伸出一个手指顶在右手手心,惯于使用左手的人另议。

知识拓展

控烟三手势

　　5月31日是世界无烟日,来自四川西南航空职业学院空乘专业的美丽准空姐向全社会推广"控烟三手势",旨在提醒大家吸烟有害健康,呼吁吸烟者主动放弃吸烟,表达对无烟环境的期望和对无烟成都的支持。据这几位同学介绍,她们推广的控烟三手势分别代表"不可以""请停止""我介意"。在公众场合中,遇到吸烟行为的时候,就可以通过动动手,用一个简单的动作来保护自己以及身边的人。

（资料来源：新浪四川教育）

（四）屈伸手指

　　在拉丁美洲、英国、美国、意大利、西班牙、葡萄牙、突尼斯以及亚洲、非洲部分地区,人们伸出下臂,稍微抬起,手心向上屈伸手指,表示"让人走过来"。但这一手势在中国是用作招呼动物或幼儿的。中国人招呼人的手势是:将手臂前伸,手心向下,变动所有手指。然而这一手势在英美等国又是招呼动物的。

（五）摆手

　　在欧洲,人们见面时习惯用"摆摆手"来打招呼。其具体做法是:向前伸出胳膊,手心向外,但胳膊不动,只是用手指上下摆动。如果欧洲人前后摆动整只手,则表示"不""不对""不同意"或"没有"。但是美国人打招呼时总是摆整只手。在世界上许多地方,摆手表示让人走开。在希腊和尼日利亚,在别人脸前摆动整只手意味着极大的侮辱,距离越近侮辱性越大。在秘鲁,前后摆动整只手则表示"到这儿来"。

二、手势使用注意事项

　　手势是最具有表现力的一种肢体性质语言,手势能够恰当地表达情意,是一种动态美,为交际形象大幅增辉。

（一）手势语运用注意事项

　　（1）手势不应过于重复、单调。反复地做一种手势会让人感觉修为不够,与别人交谈时不断地做手势,胡乱地做手势,会影响别人对你谈话的理解,应该约束自己,讲话时注意手势的运用。

（2）手势语的使用有其规范性，使用时不可随心所欲，应按照约定俗成的习惯或岗位规范进行。否则，容易引起误解。

（3）相同的手势动作，在不同的地域有其含义上的差别，正所谓"同形不同意"。所以，在使用手势语时，要注意接受方的国别差异和宗教信仰差异，对这些方面一定要事先有所了解，正确使用手势。

（4）手势语要因时因地、因人使用，不能全面代替口头语言的作用。口头语和手势语的合理结合，才能使旅游服务用语达到最佳的效果。

（二）常见的错误手势

1. 指指点点

勾动食指或除拇指外的其他四指招呼别人，用手指指点他人，都是失敬于人的手势。其中，食指指点他人，即伸出一只手臂，食指指向他人，其余四指握拢这一手势，因有指斥、教训之意，尤为失礼。

2. 随意摆手

与人交谈或是服务工作中，不要随意向对方摆手。既不要将一只手臂伸出，手指向上，掌心向外，左右摆动；也不要掌心向内，手臂由内向外摆动。这些手势都有抵触、拒绝、不耐烦之意。

3. 双臂交叉于胸前

这种姿势往往表达傲慢、气愤的情绪，或是置身事外、旁观他人、观看笑话之意。服务工作中应特别注意避免出现。

4. 摆弄手指

有些男士会挤压自己的手指，发出关节的响声，或是反复握拳松拳，这都会让旁人感到你的焦躁情绪。

5. 手插口袋

手插口袋容易给人你在休息的感觉，这在工作中应避免出现，尤其是服务人员在岗位工作中。

6. 伸懒腰

伸懒腰是劳累、困倦的表现，如果在工作时打哈欠、伸懒腰，会给人懒散、懈怠之感。

总之，手是人的第二张脸，在日常沟通中，我们不可避免地喜欢用一些手势来衬托、补充语言。但是，手势的运用一定要注意忌讳，只有合乎规范，才不至于引起是非。

三、服务手势

在各种接待和会议服务的礼仪当中也经常会运用到很多的手势，手势是能直接传递信息的方式。并且具有简单直接的天然优势，能正面地传达信息，不拖泥带水。

导学案例

楼道间的对话

服务员小李正在三楼楼道里上菜，忽听到身后有人喊："小伙子，请问 315 房间在哪边？"小李回头一看，见是一位住店客人，连忙热情地回答道："您向左走，第六个房间就是。"客人说声"谢谢"，便向旁边走去。

···

问题：服务员小李在引导客人时有不妥之处吗？

点评：在本案例中，服务员小李十分热情地回答住店客人的问话，这样做是符合服务人员对旅客服务要求的。

但小李忽视了"您向左走，第六个房间就是"这句话所指的方位性。

所谓的"向左走"，究竟是小李面对的左边，还是客人面对的左边，毕竟此时小李是和客人相对而站的。

所以说作为服务人员，对旅客服务不仅要做到热情，更要耐心、细致。

在服务中，恰当的手势可以起到强调、辅助的作用。手势礼仪包括以下内容：

（一）手形

手是人的第二张脸。在接待服务工作中，手承担着握手、交换名片、递接物品、指示等职责。负责接待服务的工作人员应如同爱惜自己的脸一样爱护手，保证干净、卫生、雅观。做到修剪得当，清洁指缝，不留长指甲，不涂颜色鲜艳的指甲油，不戴夸张怪异的饰品等。

（二）手势动作分类

根据表达含义和适用场景的不同，接待服务人员常用到的手势包括以下四类：

1. 横摆式

表示"请进""请这边走""请看这里"，适用于引领观众或者指示展品。动作规范是五指并拢，手掌伸直，掌心倾斜 45°，从身体一侧由下而上抬起，肘关节自然弯曲，小臂与手掌呈一条直线，与地面平行，摆到距身体 15 厘米，在不超过躯干的位置时停止，目视客人，面带微笑。（图 3-2-7）

2. 斜摆式

这是接待服务中采用最多的手势，根据指示方向的不同表达不同含义，常见的有"请往这边看""请坐""请留心脚下"等。动作规范是将左（右）手自身前提起后，再向左（右）下摆去，使大小臂成一斜线（可略有弯曲），指尖指向展品、方向的具体位置，手指伸直并拢，手、手腕与小臂成一条直线，掌心略微倾斜，手臂与身体呈不同程度夹角。（图 3-2-8）

3. 直臂式

表示"请看前方""请您随我来"，适用于指示较高的方向或较远的距离。动作规范是左（右）手手指并拢，掌伸直，屈肘从身前抬起，向指引的方向摆去，摆到肩的高度时停止，肘关节基本伸直。

图 3-2-7 　　　　　　　　　　　图 3-2-8

4. 曲臂式

表示"里边请""请往这边走""请坐",适用于空间有限时。动作规范是左(右)手臂自然弯曲摆至腹前,小臂与身体距离约两拳。

(三)手势语言情境

1. 指示类情境

(1)"请进"手势。引导客人时,接待人员要言行并举。首先轻声地对客人说"您请",然后可采用"横摆式"手势,五指伸直并拢,手掌自然伸直,手心向上,肘作弯曲,腕低于肘。以肘关节为轴,手从腹前抬起向右摆动至身体右前方,不要将手臂摆至体侧或身后。同时,脚站成右丁字步。头部和上身微向伸出手的一侧倾斜,另一手下垂或背在背后,目视宾客,面带微笑。

(2)"请往前走"手势。为客人指引方向时,可采用"直臂式"手势,五指伸直并拢,手心斜向上,屈肘由腹前抬起,向应到的方向摆去,摆到肩的高度时停止,肘关节基本伸直。应注意在指引方向时,身体要侧向来宾,眼睛要兼顾所指方向和来宾。

(3)"请坐"手势。接待来宾并请其入座时采用"斜摆式"手势,即要用双手扶椅背将椅子拉出,然后左手或右手屈臂由前抬起,以肘关节为轴,前臂由上向下摆动,使手臂向下成一斜线,表示请来宾入座。

(4)"诸位请"手势。当来宾较多时,表示"请"可以动作大一些,采用双臂横摆式。两臂从身体两侧向前上方抬起,两肘微屈,向两侧摆出。指向前方一侧的臂应抬高一些,伸直一些,另一手稍低一些,屈一些。

2. 递接物品情境

(1)用双手递接物品。双手递物是体现对顾客尊重最为重要的一点。一般而言,递接物品时,应起身站立,用双手递送或接取物品。同时,上身略向前倾。即使不方便双手并用,也应尽量采用右手递物,切记不可以左手递物(在很多信仰宗教的国家里,这种行为通常被视为失礼之举)。

（2）尽量递到手中。递给他人的物品，如果环境等因素允许的话，应直接交到对方手中；不到万不得已，最好不要将所递的物品经别处"中转"。

（3）礼貌主动。若递接双方相距过远，递物者应主动走近接物者；假如自己坐着的话，还应尽量在递物时起立。

（4）方便接取。服务人员在递物时，应为对方留出便于接取物品的空间，不要让其感到接物时无处下手。若是将带有文字的物品递交他人时，还须使文字方向合适，以便对方接过后利于阅读。

（5）尖、刃向内。将带尖、带刃或其他易于伤人的物品递给他人时，切勿将尖、刃的一头朝向对方，应使其朝向自己或他处。

3. 手持物品情境

（1）手持物品时，可根据物品的重量、形状及易碎程度采取相应的手势，以稳妥为手持物品的第一要求，并且尽量做到轻拿轻放，防止伤人伤己。

（2）手持物品时，服务人员可以采用不同的姿势，主要由服务人员本人的能力以及物品的大小、形状、重量决定，但无论采用什么姿势，都一定要避免在持物时手势夸张、"小题大做"。

（3）手持物品时要有明确的方向感，不可将物品倒置。很多物品有其固定的手持位置，可"按物所需"而手持物品。

（4）为客人取拿食品时，切忌使自己的手指与食物接触，如不可把手指搭在杯、碗、碟、盘边沿，更不可无意之间使手指浸泡在其中等。

4. 展示物品情境

（1）便于观看。展示物品时，一定要将其正面朝向观众，如果物品上面有文字，一定要使文字的方向便于观众阅读，并且展示的高度和展示的时间以有利于观众观看为原则。另外，当四周皆有观众时，展示还须变换不同的角度。

（2）手位正确。在展示物品时，应将物品放在身体一侧展示，不能挡住展示者的头部。物品要与展示者的双眼齐高。如有必要，还可将双臂横伸，使物品向体侧伸出，物品应放在肩至肘之处，上不过眼部，下不过胸部。

5. 举手致意情境

此动作应用于服务人员工作繁忙而又无法向面熟的顾客问候时，可向其举手致意。这样，可消除误会，消除对方的被冷落感。正确做法是：

（1）面向对方。举手致意时，应全身直立，并且至少要使上身与头部朝向对方，面带微笑。

（2）手臂上伸。致意时手臂应自下而上向对应的肩头的侧上方伸出。手臂可略微弯曲，也可全部伸直。

（3）掌心向外。致意时须五指并拢，并且掌心面向客人，指尖向上。

6. 挥手道别手势

（1）身体站直。挥手时身体要站直，不可走动、乱跑，更不可摇晃。

（2）手臂前伸。道别时，可用右手，也可双手并用，但手臂应向前平伸，与肩同高，注意手臂不要伸得太低或过分弯曲。

（3）掌心朝外。要保持掌心朝向客人，指尖向上，否则是不礼貌的。

（4）左右挥动。要将手臂向左右两侧挥动，但不可上下摆动。若使用双手时，挥动的幅度应大些，以显示热情。

（5）目视对方。挥手道别时，要目视对方，直至道别对象在服务人员的视线范围内消失，否则会被对方误解为他是"不速之客"。

> **知识拓展**
>
> ### 肢体语言的重要性
>
> 人类学家雷·博威斯特是非语言交际（动作学）的最初倡导者。针对人与人之间发生的非语言交流，博威斯特指出：一个普通人每天说话的总时间为 10 ~ 11 分钟，平均每说一句话所需的时间大约只有 25 秒。同时，他推断出，我们能够作出并辨认的面部表情大概有 25 万种。
>
> 博威斯特还发现，在一次面对面的交流中，语言所传递的信息量在总信息量中所占的比例还不到 35%，剩下超过 65% 的信息都是通过非语言交流方式完成的。我们对发生于 20 世纪七八十年代的上千次销售和谈判过程进行了详细的研究，其结果表明，商务会谈中谈判桌上 60% ~ 80% 的决定都是在肢体语言的影响下作出的。同时，人们对一个陌生人的最初评判，有 60% ~ 80% 的评判观点都是在最初不到 4 分钟的时间里形成的。除此之外，研究成果还指出，当谈判通过电话来进行的时候，那些善辩的人往往会成为最终的赢家，可是如果是以面对面交流的形式来进行的话，那么情况就大为不同了。

（四）注意事项

接待服务人员在运用手势礼仪时，应注意：

（1）运用手势规范。运用手势时，注意发力顺序，动作有力度，干净利落，传递自信和职业感。

（2）指示方向清晰准确。正确引导客人视线，手臂直接由体侧划向指示方向，忌讳来回摆动，指向不定。

（3）动作幅度合理控制。手势幅度过大可能影响到客人的视线，甚至会与客人发生肢体碰撞。手势使用次数以精简为宜，手势太多，令人眼花缭乱，难以突出重点，甚至给客人留下负面印象。

> **中华礼仪知识链接**
>
> 从于先生，不越路而与人言。遭先生于道，趋而进，正立拱手。
>
> ——《礼记·曲礼》
>
> 跟随老师走路，不能走到前面与别人说话。在路上遇见老师，应快步前进，站直身体向老师拱手致敬，表示对老师的敬重。

项目小结

在接待服务工作中,适当地运用引领礼仪和手势礼仪,可以增强与客人的感情表达。既能表示你对客人的尊重,也能拉近彼此的距离。不同的手势代表不同的含义,但是不论运用怎样的手势,都要以尊重客人为前提,在生活和工作中,一定要注意恰当运用手势,才能充分展示个人和企业的魅力。

复习思考

1. 引领服务礼仪的细节是什么?
2. 如何把握好服务手势的适度性?
3. 服务手势的注意事项有哪些?

实训操练

结合导学案例进行情境模拟,拍摄小组视频作业。

实训项目	实训内容和流程	实训要求和标准	实训考核			
			个人自评（20%）	小组互评（30%）	教师评价（50%）	总分
引领服务礼仪	要点1	1. 仪容礼仪。接待人员应注意保持仪容端庄,面部整洁,口气清新,发型合适				
	要点2	2. 服饰礼仪。接待人员着装要符合身份,既展示个人的精神风貌,又体现接待的规格和标准,同时满足宾客对受尊重和受重视的心理需求,让宾客充分感受到服务的专业和自身的尊贵				
	要点3	3. 表情礼仪。接待人员在迎送客人的过程中一定要注意与客人的目光交流,因为恰当的目光交流可以营造亲切、和谐的氛围,使宾客对当下的环境产生安全感和信任感				

续表

实训项目	实训内容和流程	实训要求和标准	实训考核			
			个人自评（20%）	小组互评（30%）	教师评价（50%）	总分
引领服务礼仪	要点4	4. 微笑礼仪。接待人员在宾客到达之前，应提前在会场入口等候，以真诚的微笑、饱满的工作状态站立迎候宾客光临				
	要点5	5. 带座礼仪。看到宾客前来时，应及时向宾客问好，微笑致意，配合会务组请宾客做好签到、发放资料等工作，并引领宾客前往会场入座。到达座位时，主动为宾客拉椅子				

项目 三
座次礼仪

引言:在中国的礼仪中,座位的排列是中国饮食礼仪乃至会议礼仪当中非常重要的一部分。它关系到主人对宾客的重视程度。不论赴宴或是参会,客人听从东道主的安排,依次落座,作为接待方,我们应该了解相关规则,以免引起误会。

【教学目标】

1. 了解餐宴位次礼仪。
2. 掌握餐宴位次礼仪和乘车位次礼仪要点。
3. 能正确恰当地在职场中使用餐宴位次礼仪和乘车位次礼仪。

任务一　餐宴位次礼仪

微课26:餐宴
位次礼仪

> **导学案例**
>
> 　　作为高铁施工单位的办公室工作人员,小美经常会在项目部负责接待业主,今天中午单位宴请前来参加座谈会的业主方王经理一行5人,小美负责安排宴请接待事宜。
>
> ....
>
> 　　**问题:**面对宴请接待任务,小美如何安排就餐座位比较合理?
>
> 　　**点评:**在高铁项目部的繁忙日常中,办公室接待人员应以细致入微和周到的服务,成为连接施工单位与业主方的温馨桥梁。面对如何安排就餐座位的挑战,小美巧妙运用了餐桌礼仪与人际交往的智慧。她首先确保主宾王经理坐在餐桌的正中央,这是对他尊贵身份的尊重,也是对他此行贡献的认可。围绕王经理,小美按照职位与年龄顺序,安排其余四位业主代表的座位,既体现了层次感,又促进了彼此间的顺畅交流。同时,特意预留了施工单位代表的位置,紧邻王经理一侧,便于双方在轻松愉快的氛围中深入讨论,共谋项目发展大计。这样的座位安排,不仅能体现小美对传统文化的深刻理解,更彰显了高铁施工单位对业主方的诚挚欢迎与高度重视。

　　餐饮礼仪在我国可谓源远流长。餐饮接待礼仪,不仅体现在来宾席次、座次的安排上,整个餐饮接待活动中的各个环节、各个方面,都有一定的礼仪要求。尤其是宴请,更加重视礼仪。

　　我国在先秦时期将各种宴会通称为礼。在《仪礼》中就记载有士冠礼、士昏礼、乡射礼、宴礼、大射礼、聘礼等。这些不同的礼对宴会的仪式和内容都有详细的规定。例如,一次乡饮酒礼,从谋宾、戒宾、陈设、速宾到迎宾、拜赐等就有24项程序,筵席的规格、档次、饮食品种,乃至菜肴在筵席上的陈列方式等,也有一定的礼数,参与者必须熟知和践行方能无过。今天的宴会礼仪,自然不像古代那样复杂烦琐,但宴会仍然是各种交际接待活动中普遍为人们所重视的正式、隆重的形式之一。

一、餐宴接待原则

　　“礼”字繁体作“禮”,是会意兼形声字。《说文》:“禮,履也。所以事神致福也。从示从豐,豐亦聲。古文禮。"本义为敬事、祭祀神灵以致福。礼者,敬人也。待人的敬意,应当怎样表现关键是要以客人为中心。在餐宴接待中,尤其要注意尊重客人的饮食习惯、食法和饮食禁忌。

（一）舒心的就餐环境

就餐环境尤其是宴请环境,应宽敞整洁、空气流通、庄重大方、布局合理。

（二）加分的地方特色

突出地方风味、饮食民俗,对于增加客人用餐的体验,给客人留下深刻的印象,以及节约餐饮成本,都是有益的。但是要注意,突出地方特色必须恰到好处,以客人为中心,切忌以自我为中心。在菜肴的配比上,要兼顾冷热、荤素、特色菜肴的比例。

二、餐宴位次礼仪

中国是礼仪之邦,大宴小酌,杯茶清谈,皆讲究让座之礼。总的来讲,座次原则是"面门为上,观景最佳;以远为上;前排为上;居中为上;以右为上"。比如在大型餐宴中,若是圆桌,正对大门的为主客;而主客两边的座位则根据离主客的距离来决定,离主客更近的位置为上,相同距离则左侧尊于右侧。若为八仙桌,如果有正对大门的座位,则正对大门一侧的右位为主客。如果不正对大门,则面东的一侧右席为首席。

（一）按照"面门为上,观景最佳"的原则定主位

顾名思义,"面门为上"指面对正门的位置就是主位。除此之外,如果在餐厅外有优美的景致,或在就餐时有演出,那么观赏角度最佳的位置就应该是主位。通常安排主人坐主位,但是,如果主宾的职级更高,最好提前和主人沟通确定一下。比如,集团总经理作为主宾,参加分公司经理组织的商务宴席,为表示尊重,通常会请总经理在主位就座,分公司经理则坐在主宾的右手边。

（二）按照"以近为上,以右为上"的原则排宾客

主位确定之后,同一张桌上的位次,以近为上。也就是说,距离主位更近的位置,要安排职级更高的宾客。当两个位次和主位的距离一样时,以右为上。

（三）主客相邻,依次排列

在安排完第一主宾、第二主宾后,继续遵照"以近为上,以右为上"的原则,分别在10点和2点钟的位置安排2位主方人员,而后再安排宾客位置,以此类推,最终整个桌面呈现出一主一客相邻而坐的安排。这样不仅能照顾到每一位宾客,还便于就餐过程中的交流。

需特别注意的是,在宾客到来前,最好和领导确认下座次安排。

总而言之,目前我国以中餐圆桌款宴为主,不论是中式席次或是西式席次,两种方式虽然不同,但座次安排的基本原则相同。（图3-3-1）

（1）以右为尊,前述桌席的安排,已述及尊右的原则,席次的安排亦以右为尊,左为卑。故如男女主人并坐,则男左女右,以右为大。如席设两桌,男女主人分开主持,则以右桌为大。宾客席次的安排亦然,即以男女主人右侧为大,左侧为小。

（2）职位或地位高者为尊,高者坐上席,依职位高低定位,不能逾越。

（3）职位或地位相同,则必须依官职传统习惯定位。

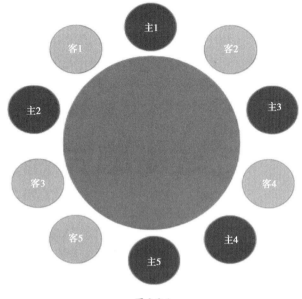

图 3-3-1

三、桌次礼仪

宴会中,除了座位礼仪,桌次排列也讲究一定的原则。

（一）由两桌组成的小型宴请座次排序

这种情况,可以分为两桌横排和两桌竖排的形式。当两桌横排时,桌次以右为尊,以左为卑。这里所说的右和左,是指进入房间时,面对正门的位置来确定的。当两桌竖排时,桌次讲究以远为上,以近为下。这里所讲的远近,是以距离正门的远近而言的。

（二）由多桌组成的宴请桌次排序

在安排多桌宴请的桌次时,除了要注意"面门定位""以右为尊""以远为上"等规则外,还应兼顾其他各桌距离主桌的远近。通常,距离主桌越近,桌次越高;距离主桌越远,桌次越低。

（1）以右为上。当餐桌分为左右时,以面门为据,居右之桌为上。（图 3-3-2）

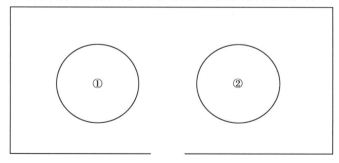

图 3-3-2

（2）以远为上。当餐桌距离餐厅正门有远近之分时,以距门远者为上。（图 3-3-3）

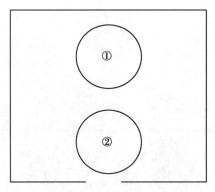

图 3-3-3

（3）居中为上。多张餐桌并列时，以居于中央者为上。（图 3-3-4、图 3-3-5）

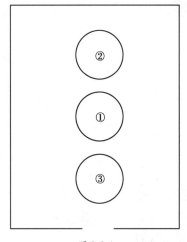

图 3-3-4

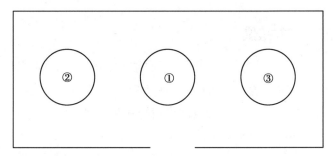

图 3-3-5

（4）在桌次较多的情况下，上述排列往往交叉使用。（图 3-3-6、图 3-3-7）

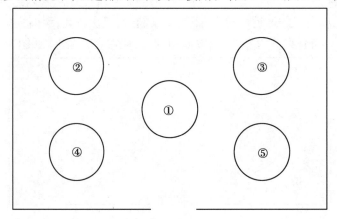

图 3-3-6

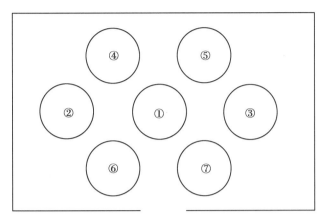

图 3-3-7

在安排桌次时,所用餐桌的大小、形状要基本一致。除主桌可以略大外,其他餐桌都不要过大或过小。此外,在安排桌次时,还应考虑餐厅的实际情况,如空间大小、桌子形状和布局等。

为了确保在宴请时赴宴者及时、准确地找到自己的所在桌次,可以在请柬上注明对方所在的桌次、在宴会厅入口悬挂宴会桌次排列示意图、安排引位员引导来宾按桌就座,或者在每张餐桌上摆放桌次牌(用阿拉伯数字书写)。

总的来说,桌次安排应以方便宾客、尊重主人和主要宾客为原则,同时注重美观和实用。

案例赏析

小王是国内某知名公司的职员,正与同事在法国出差,这天晚上他和同事与法国当地的客户在一家高级餐厅就餐,以便最终敲定一笔生意,而这笔生意不仅关系到小王的晋职问题,更关系到公司的后期跨国发展,其重要性可见一斑。当天晚上,小王谨记法国商务餐饮中的重要礼仪,一切看上去都很和谐,眼见一笔大生意就要谈成。然而就在品尝甜点的环节,一向不爱吃甜食的小王下意识地向同事使了个眼色,暗指自己实在受不了法国甜食的甜腻。然而就这么一个微动作,被一旁的法国客户捕捉到了,一向对本国美食保持着无比骄傲与自豪的法国客户实在忍受不了这个举动。于是,合作没有谈成,也因此,小王和同事连日来的奔波和努力都前功尽弃,变成了竹篮打水一场空。

点评:良好的礼仪可以更好地向对方展示自己的长处和优势,它往往决定了机会是否降临。比如,在公司,你的服饰适当与否可能就会影响到你的晋升和你与同事的关系;在办公室,不雅的言行或许就使你失去了一次参加老板家庭宴请的机会;又或者,与客户用餐时你的举止得体与否也许就决定了交易的成功与否。这是因为,礼仪是一种信息,以它为媒介可以正向表达出尊敬、友善、真诚等感情。在商务活动中,真诚、恰当的礼仪可以获得对方的好感、信任,成为事业发展的助力。反观本案例中,小王没能够约束好自己的微表情而冒犯到客人,最终导致前功尽弃。

中华礼仪知识链接

席而无上下,则乱于席上也。

——《礼记·仲尼燕居》

孔子认为,如果没有决定好宴席的座次,那么宴席一定会混乱无序。

任务二 乘车位次礼仪

微课27:日常迎送礼仪

微课28:乘车位次礼仪

导学案例

在一次和经理出差的途中,小美由于还没有拿到驾照,因此在目的地城市经理亲自驾车,小美上车后直接坐在了后排右座,经理面露不快。

问题:小美应该坐在哪个位置?

点评:在商务出行的场景中,座位的选择往往蕴含着尊重与礼仪的深意。对于乘客而言,尤其是与上级同行时,副驾驶座往往被视为表达尊重与亲近的优选之地。它不仅便于与驾驶者交流,更能在无形中拉近彼此的距离,展现出一种默契与协作的态度。

因此,面对"小美应该坐在哪个位置?"的疑问,答案不言而喻。在尊重与礼仪的考量下,小美或许应当选择副驾驶座,而非后排右座。这样的选择,不仅是对经理驾驶技术的信任与肯定,更是职场中细腻情感与专业素养的体现,让这次出差之旅在和谐与高效中顺利展开。

作为日常交通工具,车在现代生活中是不可或缺的存在。而交通工具与礼仪的结合则比车的历史更加久远。在古代,各个等级、场合乘什么车都有定制,不得任意违犯。例如,周天子拥有的玉路、金路、象路、革路和木路五种车子装饰华丽,形式各异,分别用于祭祀、礼宾、视朝、作战和打猎。一般来说,天子的车驾六马,诸侯四马,大夫三马,士二马,庶人一马。诸如此类,等等不一。古代的车上一般还有车盖,主要是用来遮雨的,像一把大伞。车盖大小也有规定,等级越高,车盖越高。

中国礼仪源远流长。如今,在正规商务或政务情境中,乘车时能够分清位次,在合适的位置就座既体现了对领导或客人的尊重,也是个人素养的体现。

乘车时的位次礼仪主要取决于下述两个因素。

一、驾驶者

通常而言,驾驶者有车的主人和专职司机。目前我国常用于公务场合的是双排座与三排座,乘车位次需要分以下两种情况来考虑:

(一)主人驾车

当主人或领导亲自开车的时候,上座为副驾驶座,应主动将副驾驶位置让出来,方便主人或领导与朋友聊天。

这种情况,一般前排座为上,后排座为下;以右为尊,左为卑。这种坐法体现了"尊重为上"的原则,体现出客人对开车者的尊重,表示平起平坐,亲密友善。

(1)双排五人座轿车,顺序是:副驾驶座→后排右座→后排左座→后排中座。(图3-3-8)

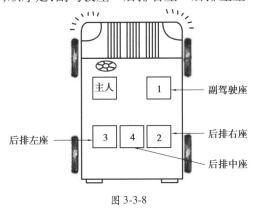

图 3-3-8

(2)三排七人座轿车,顺序是:副驾驶座→后排右座→后排左座→后排中座→中排右座→中排左座。

(3)三排九人座轿车,顺序是:前排右座→前排中座→中排右座→中排中座→中排左座→后排右座→后排中座→后排左座。

(二)专职司机驾车

请客人落座后,自己坐左侧。客人入座后,关好车门,再从车尾绕到另一侧车门入座。有比自己职位高的领导一起接站时,则由领导陪同客人,请领导坐在客人左侧,自己坐副驾驶座。如为让宾客顺路看清本地的名胜风景,也可以说明原因后,请客人坐在左侧。由于右侧上下车更方便,因此要以右尊左卑为原则,同时后排为上,前排为下。在接待非常重要的客人的场合,比如说政府要员、外宾、企业家,这时候上座是司机后座,因为该位置的隐秘性好,而且是车上安全系数较高的位置。

(1)双排五人座轿车,顺序是:后排右座→后排中座→后排左座→副驾驶座。(图3-3-9)

(2)三排八人座轿车,顺序是:中排左座→中排右座→中排中座→后排右座→后排中座→后排左座→副驾驶座。(图3-3-10)

(3)三排九人座轿车,顺序是:前排右座→前排中座→中排右座→中排中座→中排左座→后排右座→后排中座→后排左座。(图3-3-11)

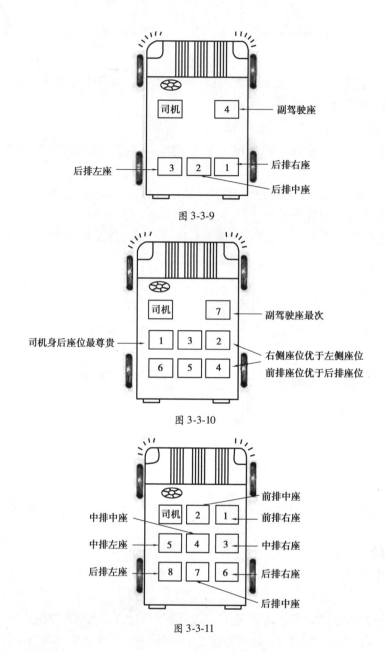

图 3-3-9

图 3-3-10

图 3-3-11

二、领导或客人的意愿

在正式场合乘车时,应尊尊长、女士、来宾于上座。但更为重要的是,必须尊重嘉宾本人对座次个人选择的意愿,嘉宾坐哪里,则哪里即为上座。

总而言之,座次礼仪可归纳为"四尊三上"。"四尊"指客人为尊、长者为尊、领导为尊、女士为尊;"三上"指方便为上、安全为上、尊重为上。

中华礼仪知识链接

进戈者前其鐏,后其刃。

——《礼记·曲礼上》

．．．

递刀给别人时要将柄的方向在外,刃的方向朝向自己。同此理,递交名片、笔时,我们应该以方便他人为先。

项目小结

行程途中也是商务人员展示自己专业形象的过程,切勿认为离开了办公楼的工作环境就可以放松对自己的礼仪要求,从而给自己和企业的形象带来负面影响。反之,人在途中,事务繁忙,仍能一丝不苟,继续保持专业素养和优雅礼仪,任何时候都能收获心悦诚服的合作方。

复习思考

1.餐宴位次礼仪的总体原则是什么?

2.乘车位次礼仪需注意哪些细节?

实训操练

1.填写多桌宴请座次安排,并拍摄视频作业。

实训项目	操作流程	操作方法和要求	实训考核			
			个人自评（20%）	小组互评（30%）	教师评分（50%）	总分
由多桌组成的宴请座次排序						

2. 填写中餐宴会座次安排,并拍摄视频作业。

实训项目	操作流程	操作方法和要求	实训考核			
			个人自评（20%）	小组互评（30%）	教师评分（50%）	总分
中餐宴会的座次安排	10人正式宴会座次安排					

3. 填写上下车顺序,两两一组进行情境模拟演示,并拍成视频作业。

实训项目	操作流程	操作方法和要求	实训考核			
			个人自评（20%）	小组互评（30%）	教师评分（50%）	总分
上下车顺序	主人亲自驾车					
	专职驾驶员驾车					
上下车顺序	主人亲自驾车					
	专职驾驶员驾车					
上下车顺序	主人亲自驾车					
	专职驾驶员驾车					

项目 四

迎送礼仪

引言：客户来访预示着双方合作的开始。做好迎送工作是基本的待客之道，也是展示单位形象、专业水准的窗口。那么，迎送位置、接送时间等，也都依据具体情况各有讲究。

【教学目标】

1. 了解日常迎送礼仪。
2. 掌握迎送礼仪要点、见面礼仪要点。
3. 能正确恰当地在职场中使用迎送礼仪。

微课29：乘车
礼仪动画演示

任务一　日常迎送礼仪

迎来送往是常见的社交礼节，迎送是接待服务中最常见的礼仪活动。迎送，指因公务活动而安排的迎接和送别，是客人抵离本地时的礼仪活动。

迎，是进入接待实施阶段的第一个工作，关乎客人的"第一印象"。"第一印象"如何，会影响客人在此后的访问过程中的心情，以及对接待工作乃至整个组织的评价。因此，如何做到成功亮相，具有极其重要的意义。一是要主动热情，对所有的客人都要一视同仁、热情相迎。这是人际交往和建立良好的人际关系所应持的态度和交际姿态。二是要分寸适当，应从实际情况出发确定迎送规格，以有效地实现交往目的和公关期望。三是接待人员在接受任务后，要对第一次亮相的服务方案和个人形象进行精心设计、精密准备、精心实施，言行得体、文明礼貌，给客人留下美好的印象。

送，具有对整个接待工作过程"总结"的意味，是整个接待活动和过程的最后环节和留给客人的最后印象，同样要慎重对待。应善始善终，切忌"虎头蛇尾"，否则会使客人先前形成的良好印象大打折扣，从而带来功亏一篑的遗憾。

总之，迎客与送客是两个重要环节，犹如一篇美文的开头与结尾。热情规范、善始善终的迎来送往，会使客人高兴而来、满意而归，对访问之旅留下美好、难忘的印象，为公务活动顺利进行起到事半功倍的作用。

案例赏析

小王是中国一所进出口贸易公司的副经理，公司接到了法国客户的一笔大单子，客户要求见面商谈，经理派遣小王前往法国去谈这一生意。当小王到了法国以后，法国公司派人将小王接到了一间酒店。为表达对中国客人的尊重，当晚该法国客户邀请小王去酒店用餐，饭后在包厢内继续商谈。在商谈的过程中，小王将手机放在桌面上。商谈时，小王的朋友来电，他当场接通电话并让那位法国客户稍等一下，然后与朋友投入地大声聊了约10分钟，把法国客户晾在一旁。当他打完这通电话时，法国客户提出结束这一次的商务交易，留下小王后悔地坐在原地。他回国以后，也被公司革除了副经理一职。

点评：在商务交往中，人们相互影响，相互作用，相互合作，如果不遵循一定的规范，双方就缺乏协作的基础。在众多的商务规范中，礼仪规范可以使人明白应该怎样做，不应该怎样做，哪些可以做，哪些不可以做，有利于确定自我形象，尊重他人，赢得友谊。同

时,随着交往的深入,双方可能都会产生一定的情绪体验。它表现为两种情感状态:一是感情共鸣;另一种是情感排斥。礼仪容易使双方相互吸引,增进感情,促使良好的人际关系的建立和发展。反之,如果不讲礼仪,让对方感受到不被尊重,那么就容易产生感情排斥,造成人际关系紧张。

本案例中,正是由于小王的不恰当行为带来了对方的情感排斥,从而被革职。

一、迎候礼仪

当拜访者到达之后,受访者应当热情迎客。迎客过程中应注意以下几方面的礼仪规范:

(一)迎接

若客人就在本地,主人可按时亲自或派人到单位门口或楼下迎接。若客人远道而来,则主人应提前确认其到达的具体时间,驾车或安排专车前往车站、码头或机场迎接。若与客人素未谋面,则还应准备好接站牌,上面写明"热烈欢迎××先生(或女士)""××单位接待处"等,接站牌最好不用白纸黑字,以免对方感到晦气。若客人为外宾,则应用英文或客人本国的文字书写接站牌,并安排翻译陪同迎接。

(二)问候

见到客人后,主人应主动上前与之握手、作自我介绍,并致以诚挚的问候。

二、迎候时间

迎宾的时间要事先由双方约定清楚,在主随客便的前提下,首先确认来宾正式到达的具体时间,通过秘书人员等诚恳地向对方表示将派人前往迎候。为确保迎宾工作万无一失,还应当在对方正式启程前再次确认一下,以免可能因一些客观原因发生变动。为确保迎宾活动不受影响,要提前15分钟左右到达迎候地点,以恭候客人的到来。千万不能准点抵达,更不能迟到或不到,否则会给客人留下不良印象。

三、参加人员

对于不同的来宾,要选择不同的迎宾人员前去迎接,以表明对来宾的尊敬、重视程度。确定迎宾人员时要注意:

(1)限制数量。一般情况下,迎宾人员以少为佳,大可不必排出强大阵容。

(2)注意身份。迎宾的领导者要和对方主要来宾的职位对等、职责对口。

(3)明确职责。要将迎宾人员的具体工作划分明确,各司其职,以免疏漏。

四、迎候地点及方式

对于不同情况的来宾,迎宾地点往往有所不同。具体迎宾地点的选择要看对方的身份、双方的关系和自身的条件等。迎宾地点确定后,要让秘书人员等及时准确地通报给来宾方。一般情况下,迎宾的常规地点大体上有:

(1)交通工具停靠站,如机场、码头、车站等。确认好车次、航班及到达时间,并提前告知对方接待人及联系电话,提前 10 分钟到达。出发前,确保自己的手机电量足够,遇上阴雨天气要备足雨具。炎热或寒冷的天气,注意提前调好车内的温度、准备好饮品。天热时准备饮用水、湿纸巾或面巾纸供客人使用。

到达之后,到了车次或航班到达时间,再告知自己等候的具体位置;互不认识,又没有接站牌时,可以再告知衣服的颜色等易辨认的特征,如:"张总,我在车站西厅出站等您。我穿红色上衣、黑色西裤。××公司小王。"

见面后主动握手问候:"张总,一路辛苦,欢迎您!"此时不必交换名片。双方不认识的,先自我介绍,说出单位名称、自己是谁,再问候客人,帮忙拿客人的大件行李。上车时,使用手势语请客人先行上车落座。

接客人去酒店途中,主动询问客人在此逗留期间有没有私人活动需要代为安排。同时把商务日程、活动安排介绍给客人。如日程安排较复杂,最好能提供人手一份的书面行程表给客人,行程表上应有主方联系人姓名、电话。如果还有时间,而客人又有兴致,可以介绍一下沿途的景致。感觉客人有倦意时,在简要介绍日程安排之后就不应再打扰。

如果你的单位正好在旅游城市,沿途人文景点在车上很容易看到,就应早做准备,对景点的历史背景熟记于心,路过时做简洁明了的说明,会给客人留下美好印象。

下车时,自己先下,再为客人或领导打开车门,请他们下车。送行时,提前算好所需的路程时间及出发时间,避免因堵车误事。到达机场或车站,将车停在方便客人下车的地方,再检查车上是否有客人遗落的物品。

(2)来宾临时住宿休息处,如酒店等。到酒店接客人,出发去酒店前沟通好时间,以便客人做好准备。比约定时间提前 5 分钟到达,并在酒店大堂等候。对于不认识的客人,要告知你的具体位置,在车边或车内等候时还应告知车型、车牌号等消息。约定时间还未见客人,可以电话联络,不可以鸣笛催促。

送客人到酒店,引领客人到酒店门口,说几句话后便应请客人休息,可以说说具体什么时候再会面之类的话,必要时可简单介绍下周边环境、我方接待日程,然后主动告辞。帮客人提拿行李时,送到酒店房间里面后尽快告辞,不应再坐下聊天。

(3)接待方办公地点,如办公大楼门口、办公室门口等。在办公室门口迎客。客人到达后,立即快步迎上前,保持微笑,主动伸手相握同时问候,然后邀请到合适的地方请客人入座。不可以在座位上坐着不动和客人打招呼。临时有事而不能出面接待的,应告知对方并表达歉意,同时安排相关同事迎候、接待。事后应立即出面接待,并再次表达歉意。客人离开时,等客人起身后自己再起身。走在客人后方;客人不识路,则走在客人左前方引路。可以送到办公室门外或电梯口挥手道别并目送客人,直到离开视线后再返回。

(4)迎宾常规场所,如公司楼下、广场大厅等。上级领导或重要客户来访,应到公司楼下或大门口迎候。获知到达的时间后,提前到楼下门口或大门口等候。即使对方因堵车迟到,中途也应避免长时间离开。车辆到达并看到车中的来宾时,向来宾挥手致意。可以为主宾打开车门,请其下车,随后主动伸手相握并称呼问候。对于特别重要的来宾,应该主动为来宾开车门。待车辆停稳后,快步走向主宾车门位置,左手打开车门,右手挡在车门上框位置。

客人离开时,送到楼下或大门口。客人车辆启动时,挥手道别并注视车辆,看不到车辆之后再转身回单位。多人迎送时,以离主宾的远近、由职位高到低的顺序略加排序,不应像散兵游勇般乱站或客人还未离开就交头接耳甚而往回走。

(5)电梯门口迎送礼仪。对于相对重要的客人,提前一两分钟到电梯口等候。电梯门开启后,迎上一步,一手挡住电梯门,另一手做邀请动作,请来宾出电梯。然后主动和主宾伸手相握并问候。对其他随行人员可以逐一握手。对方人多时,也可以对其他随行人员点头环视并微笑致意。

送客人到电梯门口时,电梯门开启后,伸手替客人挡住电梯门,等客人进入电梯,同时挥手道别。客人离开自己视线后再转身离开。

(6)高速路口迎送礼仪。提前联络了解对方到达的大概时间及双方会面的高速口的规范名称,到达约定位置将车辆停在符合交规并方便停车且不影响其他车辆的位置。电话告知客人你所在的位置及参照物,待客人将要到达,我方车辆开双闪以方便辨认。

当我方车辆带路,客人仍在他们车上时,相会后开车前确认并简单问候,告知还需要多久到达目的地,再启动车辆在前面带路,始终保持和客人车辆一样的速度。

客人需要下车乘坐我方车辆的,接待人员提前站在车右侧恭迎客人,见面后主动自我介绍。客人进我方车辆后帮助客人开关车门后自己再上车。

> **中华礼仪知识链接**
>
> 我有嘉宾,鼓瑟吹笙。
>
> ——《诗经·小雅·鹿鸣》
>
> ⋯⋯⋯
>
> 我的朋友们,(我要)吹奏乐器欢迎你们的到来。这说明要热情接待宾朋。

任务二　会务服务礼仪

微课30:托盘使用
规范

微课31:会务茶水
服务礼仪

微课32:会议斟茶
实操演示

微课33:托盘使用
技巧实操演示

会务接待是工作中非常重要的一环。无论是举办大型会议还是接待外宾,良好的会务接待和公务礼仪都能够给人们留下深刻的印象,对于建立良好的人际关系和推动工作合作具有重要意义。会务接待是指在会议、活动等场合中负责接待工作的一种服务。良好的会务接待能够提高会议的效果,增加与会者的满意度,同时也能够展示出主办方的专业素质。在会务接待中,主办方需要提前做好各项准备工作,包括会场布置、签到注册、餐饮安排等,以确保会议的顺利进行。以下要点按照会议前、会议中、会议后进行阐述。

一、了解会议要求

（一）接受会议安排

（1）操作规则：接受会议安排，问清楚尚不完整或模糊不清的问题。

（2）质量标准或要求：保管会议通知，确认有关问题。

（二）研究会议方案

（1）操作规则：把握会议要求，理清接待思路。

（2）质量标准或要求：熟知举办会议单位与会人数、会议主题、时间、会标、台型要求、所需物品与设备及特殊要求。

二、布置会场

不同的会场布局适合不同的会议类型，如何选择会场的布局就要看会议对会场的功能要求了，有的会议以看为主，有的会议以听为主，还有的需要看听结合。因此在布置会场的时候要有所侧重，区别对待，一切以得到最好的会议效果为要。

（一）准备设备与物品

（1）操作规则：①根据会议通知单要求，准备好所需设备（灯光、音响、话筒、空调等）。②准备服务用品（台布、灯、桌裙、铅笔、信纸、茶杯、会标、旗帜、指示牌、鲜花等）。

（2）质量标准或要求：设备完好、有效，用品齐备、清洁、完美、庄重。

（二）确定台型并摆台

（1）操作规则：根据会议性质和领导的要求，确定主席台位置，合理设置台型。

（2）质量标准或要求：①台型符合要求，能烘托会议主题。②桌子摆放整齐、无摇晃。③座位等于或略多于会议人数。

（3）常见台型：

①课桌式。会议室内将桌椅安排端正摆放或成 V 字形摆放，按教室式布置会议室，每个座位的空间将根据桌子的大小而有所不同。此种桌型摆设可针对会议室面积和观众人数在安排布置上有一定的灵活性；参会者可以有放置资料及记笔记的桌子，还可以最大限度容纳人数。适用于论坛、新闻发布会、研讨会、培训等，这种形式便于听众作记录。（图 3-4-1）

②舞台式（剧院式）。在会场内面向舞台或讲台方向摆放成排座椅，中间留有过道。备注：此种摆台形式是在有限场地内使容纳人数达到最多的摆台形式，像电影院一样参会者每人一把座椅。（图 3-4-2）

③圆桌式。桌子使用中式圆桌，围绕圆桌摆放座椅，常用于宴会的摆台。桌与桌之间留有过道。备注：用于宴会摆台时除了主桌之外，其他圆桌没有摆台方向的区分，若为分组讨论则采用背对舞台方向不放置座椅。（图 3-4-3）

④岛屿式。将会议室的桌子按照岛屿形状依次摆开，在桌子的周围摆放座椅，组与组之间留出走路的间隙，使整体样式显现出一种小岛的形状。此类会议摆台较适合研讨和小组讨论结合的会议形式，增加小组交流的同时还可以聆听会议主持人的发言。

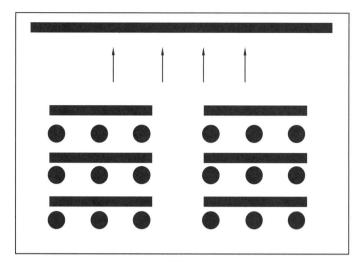

图 3-4-1

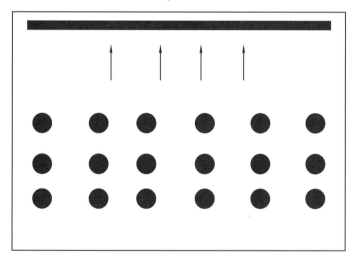

图 3-4-2

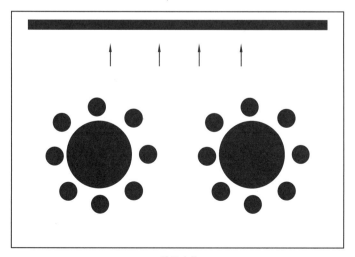

图 3-4-3

⑤指挥式。指挥式主席团在前,代表在后(或操作员在前,主席团在后),全体面对大屏幕,通常是用于指挥中心、电视电话分会场(此时,一般主席团方向可变)。(图3-4-4)

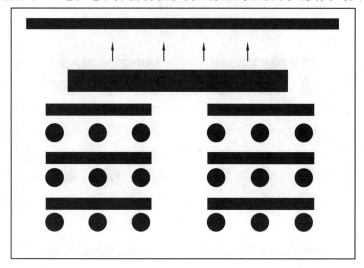

图 3-4-4

⑥鱼骨式。将会议室的桌子按照鱼骨架即八字形依次摆开,在桌子的周围摆放座椅,组与组之间留出走路的间隔,使整体样式显现出一种鱼骨的形状。(图3-4-5)

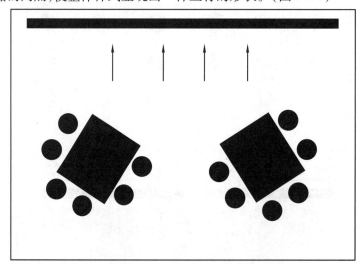

图 3-4-5

⑦U 字形。将桌子连接着摆放成长方形,在长方形的前方开口,椅子摆在桌子外围,通常开口处会摆放放置投影仪的桌子,中间通常会放置绿色植物以做装饰;不设会议主持人的位置以营造比较轻松的氛围;多摆设几个麦克风以便自由发言;椅子套上椅套会显示出较高的档次。(图3-4-6)

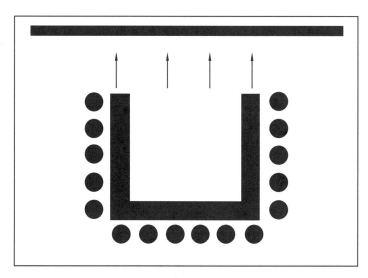

图 3-4-6

⑧回字形。将会议室里的桌子摆成方形中空,前后不留缺口,椅子摆在桌子外围。中间一般会放置绿植以增加装饰效果。此种类型的摆桌常用于学术研讨会类型的会议,前方设置主持人的位置,可分别在各个位置上摆放麦克风,以方便不同位置的参会者发言;此种台型容纳人数较少,对会议室空间有一定的要求。(图 3-4-7)

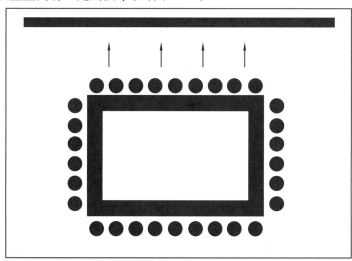

图 3-4-7

⑨鸡尾酒会式。酒会式摆桌,只摆放供应酒水、饮料及餐点的桌子,不摆设椅子,以自由交流为主的一种会议摆桌形式,自由的活动空间可以让参会者自由交流,构筑轻松自由的氛围会议摆台。(图 3-4-8)

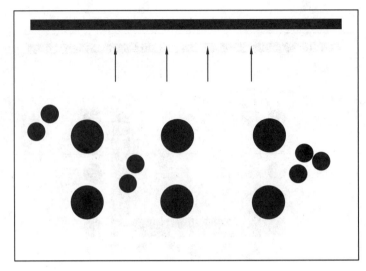

图 3-4-8

（三）摆椅子

（1）操作规则：双手轻提椅背，用右膝盖轻顶椅背，依次将椅子放在桌后，椅子前沿与桌面边缘相切。

（2）质量标准或要求：①椅子干净，摆放整齐美观。②课桌式横看、竖看、斜看成一条直线。③准备若干把椅子备用。

（四）摆信笺、铅笔

（1）操作规则：①将信笺轻放于每个座位的桌面上，纸与纸间距均匀，纸下边距桌边两指。②笔削好斜放于信笺上。

（2）质量标准或要求：①信笺中心线在一条直线上。②笔尖朝前呈45°摆放在信笺上。③笔尾靠信笺下端，标志朝上。

（五）摆茶杯

（1）操作规则：①左手端托，右手将配有垫碟的茶杯均匀放在桌面上，杯柄朝右，杯内茶叶统一放置、适量。②无垫碟改放杯垫，或根据主办单位要求放矿泉水。

（2）质量标准或要求：①摆放整齐、统一，茶碟右边缘与椅子右边缘在一条直线上。②课桌式，茶杯摆放横看、竖看、侧看成一条直线。③回字式，茶杯摆放侧看平行、整齐、美观。④杯碟上边缘与桌边距3～3.5 cm。杯柄与桌面约成45°角。（图3-4-9）

（六）托盘礼仪

托盘是在餐饮及会务茶水服务中用于运送食物、饮品等进行服务的工具。它可以减少劳动强度，提高服务效益，体现出服务的规范化。使用托盘进行服务时要讲究卫生、姿势大方、稳重方便。

（1）托盘的种类及其用途。托盘分大、中、小（圆/长）托盘。大中圆盘用于盛装酒水及展示各种饮品；大中长盘（小圆盘）用于承托小物件或服务用具。

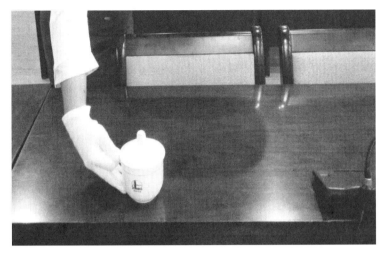

图 3-4-9

（2）托盘服务使用流程。

理盘：首先洗净擦干，在盘内垫一块干净的湿口布，湿口布要铺平拉直。

装盘：

①重物、高物放里档，轻物、低物放外档；

②先上桌的物品放在上面或前面，后上桌的物品放在下面或后面；

③不要把所放的东西突出托盘之外。

（3）轻托使用要领。左手臂自然弯曲呈 90°，掌心向上、五指分开、手掌呈凹形，掌心不与盘底接触，手掌在托盘中间，平托于胸前，托盘不贴腹，行走时头正肩平，上身挺直，眼视前方，托盘随着走路的节奏自然摆动。

注意：①即使空盘也必须保持托盘行走的姿势；②不要把托盘放到客人的餐桌上；③不应该玩弄托盘。

（4）重托（肩上托大型饮料、菜点）使用要领。左手五指分开，全掌托住盘底，掌握好重心后，用右手协助托盘托起，向上向后翻转。

注意：①盘底不搁肩；②盘前不进嘴；③盘后不靠发；④平、稳、松。

（七）摆烟缸

（1）操作规则：①左手端托，右手将烟缸放于两茶碟中间。②无烟会场不放烟缸，但要准备吸烟区。

（2）质量标准或要求：烟缸距桌边 1.5～2 厘米。

（八）调试音响、话筒、投影设备

（1）操作规则：将话筒分别摆放于主席位、副主席位和发言席（特殊情况按要求摆放），调试音响至最佳状态，并试放所要求的音带。

（2）质量标准或要求：音质好，无噪声，音量适中，所有座位均能听清。

（九）摆席位桌签卡

（1）操作规则：必须请分管领导指导，摆放席位卡。

（2）质量标准或要求：①席位卡庄重大方，摆放整齐。②请主办部门反复核对，确保无误。

（十）摆讲台

（1）操作规则：按主办部门要求摆放于恰当位置。

（2）质量标准或要求：讲台干净、庄重、无摇晃。

（十一）挂会标

（1）操作规则：按主办部门要求制作会标，挂于合适位置。

（2）质量标准或要求：文字正确无误，字迹美观大方。

（十二）摆放盆花及绿色植物

（1）操作规则：①盆花摆放于主席台上，一般摆放两盆于主席位和副主席位。②绿色植物放于主席台后，主席台前边缘摆放矮小的绿色植物及盆花，会场四周摆放绿色植物。

（2）质量标准或要求：①盆花及绿色植物新鲜、美观、无枯叶。②高矮适合会场环境布置要求。

（十三）插旗帜（视会议性质而定）

（1）操作规则：摆放在主席台后两侧。

（2）质量标准或要求：旗帜颜色鲜艳、干净、无皱褶。

（十四）摆放果盘

（1）操作规则：根据主办部门要求摆果盘，盘中放水果、干果等。

（2）质量标准或要求：装盘美观。水果清洁无水迹、无坏烂，干果无异味变质。

（十五）开空调

（1）操作规则：会议前一小时打开空调（先打开电源开关，再打开空调开关）。

（2）质量标准或要求：室内温度调控，冬天保持 19～22 ℃，夏天保持 24～27 ℃。

（十六）开灯

（1）操作规则：与会人员到场后视需要打开灯光。

（2）质量标准或要求：灯泡完好，光线充足，并根据要求适当调控灯光。

（十七）站位

（1）操作规则：服务员提前半小时站于指定位置迎客。

（2）质量标准或要求：站姿正确，面带微笑。

三、会中服务

（一）引领入座

（1）操作规则：引领领导人上座，双手轻提起椅子请领导入座，然后用膝盖轻顶椅背至领导腿部，请其坐下。（图 3-4-10）

（2）质量标准或要求：椅子轻拿轻放，使用礼貌用语。

图 3-4-10

（二）斟茶

（1）操作规则：先宾后主。左脚在前，右脚在后，右手提暖瓶，左手小指与无名指夹住盖杯，拇指与食指拿杯柄，在参会人员右后侧为其斟倒茶水，用右手递茶，不要把手指搭在茶杯边沿，在靠近对方之前，应该先小声提示"请喝茶"，然后轻轻放回杯碟中。（图 3-4-11）

（2）质量标准或要求：服务员进入会议室服务时，应抬头挺胸、大方得体、动作敏捷、轻拿轻放，茶水倒至 8 分满。

图 3-4-11

（三）烟灰缸

（1）操作规则：烟灰缸内烟头超过 5 个或每 20 分钟进行更换，放置时小指垫于缸底，以防发出声响。

（2）质量标准或要求：服务员进入会议室服务时，应抬头挺胸、大方得体、动作敏捷、轻拿轻放，先取走已满烟灰缸，再递送新的。

（四）会中特殊情况处理

（1）操作规则：①参会人员使用话筒时，视情况调节音量大小。②主席台领导半小时不喝茶，应重新更换一杯。③每20～30分钟为台下客人巡回补充茶水一次。如主要客人开始讲话则停止一些茶水活动。

（2）质量标准或要求：保持会场安静，做到"三轻""四勤"，不打扰参会人员。

（五）添茶

（1）操作规则：左脚在前，右脚在后，右手提暖瓶，左手小指与无名指夹住盖杯，拇指与食指拿杯柄，在参会人员右后侧为参会人员斟倒茶水，然后轻轻放回杯碟中，并示意用茶。

（2）质量标准或要求：动作敏捷，轻拿轻放，茶水倒至8分满；会议开始后30分钟左右第一次续水；续水时不要把瓶口提得过高，以免开水溅出杯外烫伤宾客。

（六）会中休息服务

（1）操作规则：快速进行会场小整理，补充、更换物品。

（2）质量标准或要求：动作敏捷，轻拿轻放，保持安静。

（七）送客

（1）操作规则：会议结束前10分钟，服务员应站在门口，微笑着向客人道别。

（2）质量标准或要求：站姿正确，面带微笑。

四、会后服务

（一）检查会场

（1）操作规则：①检查有无客人遗留物品及文件，如有，及时送交主办方。②检查有无损坏的设施设备及用具，如有，将数目及损坏情况与会务组人员核实后送前台处。

（2）质量标准或要求：仔细、认真，做好记录；数目准确，不弄虚作假。

（二）整理用品及清洁卫生

（1）操作规则：①整理会场。②将茶叶倒入垃圾桶，清点茶杯数目，清洗保存。③会场剩余物品清点数目汇报主管，并做好卫生清理工作。

（2）质量标准或要求：清点仔细、及时回收，物品轻拿轻放，归类摆放。

（三）检查设施设备

（1）操作规则：①对灯光、音响、桌椅、门窗、地面、空调、消防栓、灭火器等进行检查，发现问题及时上报维修。②关闭灯、空调及锁门。

（2）质量标准或要求：仔细、认真，消除一切安全隐患。

> **中华礼仪知识链接**
>
> 君子不失足于人，不失色于人，不失口于人。
>
> ——《礼记·表记》
>
> ······································
>
> 君子在别人面前举止应慎重，容貌要端庄，不要说错话和说不该说的话。提醒人们要谨言慎行，不要说不该说的话，也不要做不该做的事。

项目小结

　　礼仪学习对形成文明有礼、道德高尚的高素质人才有着十分重要的意义。礼仪行为就是人们在一定的礼仪意识的支配下,在人与人之间的交往过程中表现出来的行为,被看作人类行为的一个独立层次。人与社会密不可分,文明的社会需要文明的成员一起共建,文明的成员则必须要用文明的思想来武装,要靠文明的观念来教化。加强个人礼仪修养,处处注重礼仪,恰能使你在社会交往中左右逢源,无往不利;使你在尊敬他人的同时赢得他人对你的尊敬,从而使人与人之间的关系更趋融洽,使人们的生存环境更为宽松,交往气氛更加愉快。

复习思考

1. 使用迎送礼仪的意义是什么?
2. 迎送礼仪的准备内容有哪些?
3. 会务中茶水服务需要注意的细节有哪些?

实训操练

　　结合导学案例进行情境模拟,拍摄小组视频作业。

实训项目	实训内容和流程	实训要求和标准	实训考核			
			个人自评（20%）	小组互评（30%）	教师评价（50%）	总分
会务茶水服务礼仪	准备	1.茶水的准备。沏茶前,先询问客人想喝什么,如果客人有喝茶习惯,应询问客人用哪一种茶,并提供几种可能的选择,切忌自作主张。如果只有一种茶叶应事先礼貌说明				
		2.卫生准备。会议开始前,茶水服务人员要先检查自己的仪容,应特别注意手部和茶具的清洁。破损的茶具是不能用来待客的,还要注意茶具里有无茶锈				

续表

实训项目	实训内容和流程	实训要求和标准	实训考核			
			个人自评（20%）	小组互评（30%）	教师评价（50%）	总分
会务茶水服务礼仪	沏茶	3.沏茶。首先，茶叶应适量，不宜过多或过少。其次，冲泡时用水以杯子的八分满为宜。茶水太满容易溢出，轻则弄湿桌椅地面，重则烫伤自己或客人，使宾主都很尴尬				
	奉茶	4.奉茶。会议中，招待人员要先给客人上茶，而后再给己方人上茶，即先宾后主。奉茶时应从客人的右后方递过茶杯，用右手递茶，注意不要把手指搭在茶杯边沿，在靠近对方之前，应该先小声提示"请喝茶"，以免对方突然向后转身而躲避不及				
	添茶	5.添茶。第一次续水一般是在会议开始后30分钟左右进行，以后每隔40分钟左右为宾客续一次茶水，续水同样八分满即可				
	注意事项	6.在茶水服务工作中应特别注意以下细节：奉茶时，端放茶杯的动作不要过高，不要从宾客肩部和头上越过；续水时切不可把杯盖扣放在桌面上，这样既不卫生也不礼貌				

模块四

服务沟通艺术

项目一

客户交谈艺术

引言:俗话说:"良言一句三冬暖,恶语伤人六月寒。"在与他人交谈中,恰当得体的交谈能够拉近人们之间的距离,为交流创造良好的氛围;说话合乎礼貌、适当夸赞、把握时机,可以起到事半功倍的效果。

【教学目标】

1. 了解日常礼貌用语。
2. 掌握赞美、解说技巧。
3. 学会与人交流和有效沟通。

任务一　礼貌用语

微课34:日常服务礼貌用语　　　　　微课35:巧妙称呼,尽显你的高情商

导学案例

　　秘书小董是某技工学校汽车文秘专业毕业的学生,参加工作后,他虚心好学,把老秘书接待来访的过程认真记在心里。在接待方面,小董特别注意迎客、待客、送客这三个环节,力求使来访者满意。

　　一天,办公室来了一位下级单位的工作人员。刚听到叩门声,小董就赶忙放下手中的工作,说声"请进",同时起身相迎。来客进屋后,小董热情地招呼对方:"请坐,请坐,我能为您做点什么吗?"

‥‥‥‥‥‥‥‥‥‥‥‥‥‥‥‥‥‥‥‥‥‥‥‥‥‥‥‥‥‥‥‥‥‥‥‥‥

　　问题:案例中秘书小董的做法是否符合礼貌用语的要求?

　　礼貌用语属于良言之列。礼貌用语在公关活动中起着非常重要的作用。中国曾有"君子不失色于人,不失口于人"的古训,意思是说,有道德的人待人应该彬彬有礼,不能态度粗暴,也不能出言不逊。礼貌待人,使用礼貌语言是我们中华民族的优良传统。

　　礼貌、礼仪是人们在频繁的交往中彼此表示尊重与友好的行为规范。而礼貌用语则是尊重他人的具体表现,是友好关系的敲门砖。所以我们在日常生活中,尤其在社交场合中,会使用礼貌用语十分重要。多说客气话不仅表示对别人的尊重,而且表明自己有修养;所以多用礼貌用语,不仅有利于双方气氛融洽,而且有益于交际。

　　礼貌用语,是指在语言交流中使用具有尊重与友好的词语。礼貌用语是尊重他人的具体表现,是友好关系的敲门砖。说己时需谦虚,应多用谦辞;讲别人时需恭敬,应多用敬辞。

一、常见用语

　　"谢谢""对不起"这些礼貌用语,如果使用恰当,对调和融洽的人际关系会起到意想不到

的作用。无论别人给予你的帮助多么微不足道,你都应该诚恳地说声"谢谢"。正确地运用"谢谢"一词,会使你的语言充满魅力,使对方备感温暖。道谢时要及时注意对方的反应。对方对你的感谢感到茫然时,你要用简洁的语言向他说明致谢的原因。对他人的道谢要答谢,答谢可以用"没什么,别客气""我很乐意帮忙""应该的"来回答。社交场合学会向人道歉,是缓和双方可能产生的紧张关系的一帖灵药。如你在公共汽车上踩了别人的脚,一声"对不起"即可化解对方的不快。道歉时最重要的是有诚意,切忌道歉时先辩解,好似推脱责任;同时要注意及时道歉,犹豫不决会失去道歉的良机。在涉外场合需要麻烦别人帮忙时,说句"对不起,你能替我把茶水递过来吗",则能体现一个人的谦和及修养。

在交谈中,一定要多用礼貌语。常用的礼貌语有"请""谢谢""对不起""您好""麻烦你了""拜托了""可以吗""您认为怎样"等。同时,可根据礼貌用语表达语意的不同,选择不同的礼貌用语。

(一)问候语

问候语一般不强调具体内容,只表示一种礼貌。在使用上通常简洁、明了,不受场合的约束。无论在任何场合,与人见面都不应省略问候语。同时,无论何人以何种方式向你表示问候,都应给予相应的回复,不可置之不理。与人交往中,常用的问候语主要有"你好""早上好""下午好""晚上好"等。(图4-1-1)

图 4-1-1

(二)欢迎语

欢迎语是接待来访客人时必不可少的礼貌语,如"欢迎您""欢迎各位光临""见到您很高兴"等。

(三)致歉语

在日常交往中,人们有时难免会因为某种原因影响或打扰了别人,尤其当自己失礼、失约、失陪、失手时,都应及时、主动、真心地向对方表示歉意。常用的致歉语有"对不起""请原谅""很抱歉""失礼了""不好意思,让您久等了"等。当你不好意思当面致歉时,还可以通过电话、手机短信等其他方式来表达。

（四）请托语

请托语是指当你向他人提出某种要求或请求时应使用的必要的语言。当你向他人提出某种要求或请求时，一定要"请"字当先，而且态度、语气要诚恳，不要低声下气，更不要趾高气扬。常用的请托语有"劳驾""借光""有劳您""让您费心了"等。在日本，人们常用"请多关照""拜托你了"。英语国家一般多用"Excuse me"（对不起）。

（五）征询语

征询语是指在交往中，尤其是在接待的过程中，应经常地、恰当地使用诸如"您有事需要帮忙吗？""我能为您做些什么？""您还有什么事吗？""我可以进来吗？""您不介意的话，我可以看一下吗？""您看这样做行吗？"等征询性的语言，这样会使他人或被接待者感觉受到尊重。

（六）赞美语

赞美语是指向他人表示称赞时使用的用语。在交往中，要善于发现、欣赏他人的优点长处，并能适时地给予对方真挚的赞美。这不仅能够缩短双方的心理距离，更重要的是它能够体现出你的宽容与善良的品质。常用的赞美语有"很好""不错""太棒了""真了不起""真漂亮"等。面对他人的赞美，也应做出积极、恰当的反应。例如，"谢谢您的鼓励""多亏了你""您过奖了""你也不错嘛"等。

（七）拒绝语

拒绝语是指当不便或不好直接说明本意时，采用婉转的词语加以暗示，使对方意会的语言。在人际交往中，当对方提出问题或要求，不好向对方回答"行"或"不行"时，可以用一些推托的语言来拒绝。例如，对经理交代暂时不见的来访者或不速之客，可以委婉地说："对不起，经理正在开一个重要的会议，您能否改日再来？""请您与经理约定以后再联系好吗？"如果来访者依然纠缠，则可以微笑着说："实在对不起，我帮不了您。"

（八）告别语

告别语虽然给人客套之感，但也不失真诚与温馨。与人告别时神情应友善温和，语言要有分寸，具有委婉谦恭的特点。例如，"再次感谢您的光临，欢迎您再来！""非常高兴认识你，希望以后多联系。""十分感谢，咱们后会有期。"等。

（九）敬语

敬语，亦称"敬辞"，它与"谦辞"相对，是表示尊敬和礼貌的用语。除了礼貌上必需之外，多使用敬语，还可以体现出一个人的文化修养。敬语通常较多地用于比较正规的场合，常见的敬语有"请""您""阁下""贵方""尊夫人"等。敬语尤其多用在称呼对方的亲属，如与别人谈话或给别人写信，在敬称对方的亲属时，常常使用"令""尊""贤"三个字。在日常生活中，敬语也有一些习惯用法，如请教、包涵、打扰等。这些敬语使用的频率比较高。

需要说明的是，敬语中的"请"与请求语中的"请"在词义上略有区别，请求语中的"请"字侧重于有求于人，而敬语中的"请"字则侧重于对别人的尊重和敬意，但两者本质仍是相通的。

另外，在使用敬语时还需要注意下列几个问题：

（1）要心有所诚，才能口有所言。如果你有尊重别人的良好修养，必须先在思想上尊重别人。这样，你才能在语言上表现出对别人的敬意。所以，在使用敬语时，还要注意神态专注和语气真诚。语言是思维的外壳,它还必须有与之相呼应的内涵才行。

（2）要根据不同的对象,使用不同的敬语。这也就是说,当你使用敬语时,必须有针对性地加以选用。

（3）要努力养成使用敬语的习惯。当然,其中的关键仍在于时时都存有敬人之心。只有这样,才会处处注意使用敬语。

小贴士

初次见面说"久仰",好久不见说"久违",等候客人用"恭候",客人来到称"光临",未及欢送说"失迎",起身做别称"告辞",看望别人称"拜访",请人别送用"留步",出门送客说"慢走",与客道别说"再来",请人休息称"节劳",对方不适说"欠安",陪伴朋友用"奉陪",中途告辞用"指教",求人解答用"请教",盼人指点用"赐教",欢送购置用"惠顾",请人受礼说"笑纳",请人帮助说"劳教",求人方便说"借光",托人办事用"拜托",麻烦别人说"打搅",向人祝贺说"恭喜",赞人见解称"高见",对方来信称"惠书",赠人书画题"惠存",尊称教师为"恩师",称人学生说"高足",老人年龄说"高寿",女士年龄称"芳龄"。

本资料由作者根据相关资料改写

二、使用原则

礼仪的目的与作用在于使性格变柔顺,使人的气质变温和,敬重别人,和别人合得来。语言的礼貌包括有分寸、有礼节、有教养、有学识,要避隐私、避浅薄、避粗鄙、避忌讳,概括为"四有四避"。

（一）四有

第一是有分寸。讲话（写文章）要注意分寸,这是语言得体、有礼貌的首要问题。要做到语言有分寸必须配合以非语言要素,要在背景知识方面知己知彼,要明确交际的目的,要选择好交际的方式;同时要经常注意如何用言辞和行动去恰当表现。

第二是有礼节。语言的礼节就是寒暄。有五个最常见的礼节语言的惯用形式,它表达了人们交际中的问候、致谢、致歉、告别、回敬这五种礼貌。问候是"您好",告别是"再见",致谢是"谢谢",致歉是"对不起"。回敬是对致谢、致歉的回答,如"没关系",或"不要紧""不碍事"之类。

第三是有教养。教养,表现在一个人的言谈举止、衣食住行、待人处事等方面。就言谈而言,说话有分寸、讲礼节、内容富于学识、词语雅致,是言语有教养的表现。尊重和谅解别人,是有教养的人的重要表现。尊重别人符合道德和法规的私生活、衣着、摆设、爱好,在别人的确有了缺点时委婉而善意地指出。谅解别人就是在别人非礼时要视情况加以处理。如果允许的话,可以帮助、开导,使对方在礼貌方面的水准不断提高。

第四是有学识。高度文明的社会必然十分重视知识,十分尊重人才。富有学识的人将会受到社会和他人的敬重,而无知无识、不学无术的浅薄的人将会受到社会和他人的鄙视。

（二）四避

第一是避隐私。隐私就是不可公开或不必公开的某些情况,有些是缺陷,有些是秘密。因此,在言语交际中避谈避问隐私是有礼貌、不失礼的重要方面。欧美人一般不询问对方的年龄、职业、婚姻、收入之类,否则会被认为是十分不礼貌的。

第二是避浅薄。浅薄是指不懂装懂;不懂而不知不懂,自以为很懂。"教诲别人"或讲外行话;或者言不及义,言不及知识,词汇贫乏,语句不通、白字常吐。社会、自然是知识的海洋,我们每个人都不可能做万能博士或百事通,要谦虚谨慎,对不懂的知识不可妄发议论。

第三是避粗鄙。粗鄙是指言语粗野,甚至污秽,满口粗话、丑话、脏话。言语粗鄙是最无礼貌的语言。

第四是避忌讳。忌讳是人类视为禁忌的现象、事物和行为,避忌讳的语言同它所替代的词语有约定俗成的对应关系。社会通用的避讳语也是社会一种重要的礼貌语言,它往往顾念对方的感情,避免触忌犯讳。下面是一些重要避讳语的类型:首先是对表示恐惧事物的词的避讳。比如关于"死"的避讳语相当多,就是与"死"有关的事物也要避讳,如"棺材"说"寿材""长生板"等。其次是对谈话对方及有关人员生理缺陷的避讳。比如现在对各种有严重生理缺陷者通称为"残疾人",是比较文雅的避讳语。最后是对道德、习俗不可公开的事物行为的词的避讳。比如把到厕所里去大小便叫"去洗手间"等。

中华礼仪知识链接

子曰:"先王有至德要道,以顺天下。民用和睦,上下无怨。汝知之乎?"曾子避席曰:"参不敏,何足以知之?"

——《孝经》

....

曾子是孔子的弟子,有一次他在孔子身边侍坐,孔子就问他:"以前的圣贤之王有至高无上的德行,精要奥妙的理论,用来教导天下之人,人们就能和睦相处,君王和臣下之间也没有不满,你知道它们是什么吗?"曾子听了,明白老师是要指点他最深刻的道理,于是立刻从坐着的席子上站起来,走到席子外面,恭恭敬敬地回答道:"我不够聪明,哪里能知道,还请老师把这些道理教给我。"

在这里,"避席"是一种非常礼貌的行为,当曾子听到老师要向他传授时,他站起身来,走到席子外向老师请教,是为了表示他对老师的尊重。曾子懂礼貌的故事被后人传诵,很多人都向他学习。

任务二　赞美技巧

微课36:赞美技巧

微课37:"FFC"法则——
让你的赞美更"走心"

导学案例

成功学大师拿破仑·希尔小时候是一个典型的"问题少年",打架、偷盗,什么坏事都干,父亲也拿他没有一点儿办法。

母亲病逝后,继母在希尔11岁的时候走进了他的家门。当时,父亲向继母玛莎如此介绍希尔:"这就是我家里无法无天、无恶不作的希尔。"希尔双手抱肩,眼睛里带着对继母的不屑一顾。玛莎却微微一笑,说:"我哪里会不知道大名鼎鼎的希尔呢? 其实,希尔啊,别人都误会了你,你根本就不是镇上最坏的孩子,而是一个最好动、最聪明、想象力最丰富的孩子。我相信,你会成为最好的孩子的。"

听了这话,希尔不自觉地放下了双臂,心里涌过一阵从未有过的温暖。从那以后,继母教育希尔时始终满含深情,保持微笑。从此,他一边写文章,一边更加刻苦地学习和读书,最终成为家喻户晓的大师。

父亲的"大棒"没有让希尔转变,而恰恰是继母的赞美改变了他!

问题:赞美对被赞美者来说是一种鼓励,对赞美者来说,则是一种给予。怎样才能将他人最重视、最引以为豪的东西放到突出的位置,最大限度地满足对方的心理需要呢?

赞美是人际交往不可缺少的重要手段,几句适度的赞美给对方以亲和力,为彼此顺畅沟通创造了条件。马克·吐温说过:"一句美好的赞语可以使我多活两个月。"人的本性中有一种希望被人肯定、被人赞美的强烈愿望。所以,赞美也就成了人际交往的"润滑剂"。

生活中不乏这样的现象:由于缺乏技巧,原本的赞美之言变成了夸张的恭维,变成了大而不当的套话,无法传达出说话者的良好心意,对方会因此而感到尴尬,无法领情,甚至还会误解说话者。所以,赞美也要讲求正确的方法。

一、直接法

直接肯定他人是最简单而清晰的赞美方法,是给予别人最佳的嘉奖。在日常生活中,人们取得非常显著成绩的时候并不多见。因此,交往中应从具体的事件入手,善于发现别人哪怕是最微小的长处,不失时机地予以赞美。

案例赏析

有一次,几位朋友到小林家聚会,有人带来了一位新朋友孙女士,作为主人的小林自然过来打招呼,与她坐在一起。初次见面,寒暄过后一时无语,但很快小林就发现孙女士的皮肤特别白嫩,光彩照人。于是,小林羡慕地说:"您的皮肤保养得真好! 白里透着光泽,配上这套橘红色的裙子,衬托得脸色特别好。"话刚说完,孙女士眼里一亮,原来她对皮肤保养颇有心得,两人从保养皮肤谈起,聊得十分投机。

小林从细节上发现孙女士的长处,从细微处直接赞美对方,赞美既别具一格又切合实际,让人感受到赞美者的诚心。

二、含蓄法

含蓄法就是不直接表露对他人的赞美,而是把自己的赞赏之意隐含或寄托在某一事物或故事之中,曲折地表达出来。例如,邓亚萍获得奥运会乒乓球冠军以后,赢得了很多人的称赞。食堂的师傅说:"什么时候看见邓亚萍来吃饭了,就说明训练馆没人了。"食堂师傅的夸奖里没有一个"最刻苦"之类的词语,却极生动形象地让人明白了邓亚萍的勤奋、努力。他似乎在说"吃饭",又让人很快明白其意,达到了赞美的效果。

三、类比法

有时我们已经明确了从什么方面去赞美,但由于受环境的限制,直接表达会显得苍白无力。这时,不妨采取类比法,就是用一些美名远播的人和事同你想要赞扬的对象进行比较,找出二者的共同点,类比着去赞美,这样的赞美显得自然而内涵丰富。

> **案例赏析**
>
> 有一次,当教师的小刘去拜访一位刚刚结识的同行王老师。这位王老师因自己家窄小简陋而面有尴尬之色,连说"家里太简陋""招待不周"之类的话。小刘觉得他家虽不宽敞,但藏书颇丰,让人仿佛置身于浩瀚文海;窗台上那盆君子兰含苞待放,令人心旷神怡。小刘恳切地说道:"您这可太谦虚了。当年陶渊明'采菊东篱下,悠然见南山',王兄是'养兰窗台上,南山在心间'啊,虽说起居简单,却别有一番清雅格调。且您这儿是藏书丰富的书香之家,'斯是陋室,唯吾德馨',何陋之有呢?"王老师非常高兴,两人畅谈起来。
>
> 小刘巧妙地采用了类比法,把王老师的"养兰"与陶渊明的"采菊"进行类比,夸赞他情趣高雅;把王老师的"书香之家"与刘禹锡的"陋室"进行类比,赞美他情操高尚。话语适合对方的身份和性格,显得自然贴切,赞美的话说得恰到好处。

任何一个人都是生活在群体之中的,学校里有同学,单位里有同事,家里有兄妹,也就是说都有可比较的对象。榜样的力量是无穷的,如果在表扬中能够善于用榜样作参照,就能收到较好的效果。

美国学者威廉·詹姆斯说:"人性最深刻的原则就是希望别人对自己加以赏识。"这一原则告诉我们:即使是最优秀、最有成绩、最自信的人,也希望得到适度、适时的赞扬,恰当而中肯的评价以及会心会意的赏识。尤其是领导给予下级、前辈给予后辈的由衷赞扬,更是一种认可、一种赏识、一种理解、一种激励。

> **案例赏析**
>
> 孙家栋是"嫦娥工程"的总设计师。这位78岁高龄仍肩负重任的航天功臣,在庆功大会上,面对鲜花和掌声,说得更多的是年轻的嫦娥研发团队:"我今天心情非常激动。这一次我们把'眼睛'送上月球,下一次就把'手'送上月球,在完成了对月球的200公里轨道上的绕月探测后,探月二期工程将发射月球探测器登陆月球,落到月球表面,'摸到'月球。对此,我充满信心,因为我们有一支年轻的、高度团结的研发队伍。你们知道吗?我们的副总指挥34岁,副总设计师37岁,总主任设计师36岁,这支队伍平均年龄还不到

35岁,他们是一群航天才俊,我们好多重要岗位都是他们在把守,好多重要工作都是他们在承担,好多技术难题都是他们在攻克。今天我看到和感受到了他们用汗水、心血和智慧换来的成功。所以,在我的心目中,这支队伍的成长,是比'嫦娥一号'的成功发射还要成功的事情!请把掌声送给他们,请把鲜花献给他们,请把镜头对准他们!"

孙家栋对探月队伍的褒扬之情溢于言表。用祈使句组成排比,将情感之水推向高潮,在这段话中,"在我的心目中,这支队伍的成长,是比'嫦娥一号'的成功发射还要成功的事情!请把掌声送给他们,请把鲜花献给他们,请把镜头对准他们!"孙家栋用了抑己扬人的方式,让我们看到了航天前辈淡泊名利、奖掖后进的高风亮节。其话语情真意切、情理交融,十分感人,从而使这些年轻人更有信心地面对未来。

四、比喻法

在交谈中,比喻的运用是很广泛的。这是因为比喻能准确地讲解知识,形象地表达情感。特别是它能化抽象为具体,化深奥为浅显,化枯燥为生动,化晦涩为晓畅。比喻式赞美设喻传情,只要比喻得当,话语就会显得生动形象、新颖有趣。例如:几个搞电影的朋友在一起谈论著名演员孙道临的艺术生涯。

小张:"从影60年的孙道临,在多部电影中扮演的角色给观众留下了难忘的记忆。我最喜欢的是他的嗓音圆润,吐字清晰,感情丰富。"

小夏:"我觉得他的表演深沉、自然、富有激情。有人说孙道临是一位诗人,有人说孙道临是一位文武兼备的演员,也有人说孙道临是一位才华横溢的导演,还有人说孙道临是一位诗歌朗诵家和配音演员。而著名艺术家黄宗江说:'他就像一首诗,一首舒伯特和林黛玉合写的诗。'"

黄宗江用比喻法的赞美,不但充分地调动了人的想象,也充分地调动了人的听觉。他用舒伯特小夜曲的优美旋律与林黛玉诗的百转千回,来比拟孙道临一生对真善美的追求,对艺术的追求,这样的评价因优美的语言而更隽永,更独到,更深情。

五、公众法

高明的称赞加上公众的语气、公众的目光、公众的感受、公众的反映,容易让人自然而然地接受,更有说服力。

案例赏析

中秋节将至,宾馆马经理决定发给每个职工500元过节奖金。小张高兴得跳起来,对马经理说:"太好了,您想得真周到,我正好手头缺钱用,这下子可派上用场了!"马经理听后不但没有高兴起来,反而觉得小张是个很自私、狭隘的人。

而另一位服务员小刘却这样说:"马经理,难怪大家都在暗地里对您竖大拇指,说您很关心、体贴职工呢!我们都觉得有这样的领导真是我们的幸运。"马经理笑了。

同样的赞美,一个是仅从自己角度而发出的称赞,另一个是表明了大家的看法,孰优孰劣非常分明。小刘以公众语气称赞领导,代表的是同事、集体的看法,不仅可以避免同事的妒忌和非议,而且还把同事的看法传达给领导,也可以赢得同事的尊重。

六、展望法

展望法比较适于赞美有一定发展前途的人。一般情况下,起点高的人前途会相对远大一些,一个人的前途是与他的努力程度、外部环境等各方面的主客观条件分不开的。因而在赞美别人的前途时,应适当附加条件,或者适当抽象、模糊些,让人觉得更实在、可行。

案例赏析

丰子恺考入浙江第一师范学校后,李叔同教他图画主课。在教木炭模型写生时,李叔同先给大家做示范,画好后,把画贴在黑板上,多数学生都照着黑板上的范画临摹起来,只有丰子恺和少数几个同学依照李叔同的做法直接从石膏上写生。李叔同注意到了丰子恺的颖悟。一次,李叔同以和气的口吻对丰子恺说:"你的图画进步很快,我在南京和杭州两处教课,没有见过像你这样进步快速的学生。你以后,可以……"

李叔同没有接着说下去。此时,丰子恺意识到了老师的话语中饱含着对他前程的殷切希望。丰子恺后来说:"这一晚,是我一生中的一个重要关口,因为从这晚起,我打定主意,专门学画,把一生奉献给艺术。"

李叔同对丰子恺的称赞相当有水平。他先对其进步大加赞赏,在论及前途时,虽然没有具体说下去,其实通过他前面的几句话,已让人猜出其用意。短短几句话,竟然影响了一个人的一生,其妙处值得细细体味。

中华礼仪知识链接

"你太有才了!"已成为时下夸人的流行语。古往今来,人皆爱才。有才的人,什么时候都会被人赞美,受人敬仰。不过,古代赞美人有才的说法似乎更丰富多彩且文雅贴切。跨过历史的长河,我们来看看古人是如何赞美别人的。

....

平时我们常常会赞美别人"才高八斗",但这"八斗"可是有来历的。著名山水诗人谢灵运曾说:"天下有才一石,曹子建独占八斗,我得一斗,天下共分一斗。"后人因此称才学出众、学识渊博者"才高八斗"或"八斗之才"。

任务三　解说技巧

导学案例

东京奥运会第十九金,当马龙蝉联奥运会男乒乓球男单冠军时,央视解说:一个时代的开启不会轻易落下帷幕。漂亮的离场并不只是在巅峰退役,也有绝地求生,也有从零开始。你永远不要低估一颗冠军的心。

当樊振东不敌马龙获得银牌时:尽管今天依旧没能翻越马龙这座高山,但是也请樊振东回头望望,这一路走来,都是风景。

....

问题:你觉得央视解说怎么样? 为什么?

一、解说的概念

解说是对人、事或理进行的解释说明。它一般是针对眼前事物、形象、画面、照片等进行解说的,即通过描写、叙述、说明、议论和抒情,把事物、形象、画面、照片的来历、特点、意义、价值、寓意乃至本质规律等介绍给听众或观众。

二、解说的特点

(一)解说词写作的凭靠性

解说词是解说事物的,从程序上看,先有解说对象而后有解说词,解说词必须紧扣解说对象来写,词不能离开所解说之物,它受物的制约。

(二)解说内容的指要性

所谓指要性是指抓住事物的要点和重点进行解说。解说词一般要简明扼要,不能长篇大论。

(三)解说语言的艺术性

影视片解说词是对图像进行画龙点睛的介绍,在解说前对解说词和画面都要有充分的熟悉和深刻领会,在此基础上对语言、语调、语音、语速等语言因素进行恰当的艺术处理。

(四)口语表达的书面化

影视片解说词既有口语自然、晓畅的特点,有时也要把叙述、描写、说明、议论等表达方式相糅合,穿插运用排比、拟人、比喻、夸张等一些修辞手法,它是口语与书面语的有机结合。

三、解说的技巧

(一)真实准确

即说明要真实,用语要准确。真实、准确是解说词的生命。要做到这一点,就要有实事求是的精神。在仔细观察,研究要解说的事物、现象的基础上,认真阅读有关的文献,选择恰切的语言,准确地说明有关情况。

(二)简洁通俗

即说明要简洁,语言要通俗。要力求将深奥的道理浅显化,复杂的程序简单化,抽象的原理形象化,复杂的结构简明化。解说最终要讲清问题,只有简洁通俗,才能在较短的时间内把问题说得清楚明白,才能用较经济的语言表达较丰富的内容,才能让听话人迅速、准确地理解表达的内容,把握解说的道理。

(三)清晰条理

即解说要层次清晰,条理分明。这就要求解说者首先要分清解说的主次内容,然后确定好解说的主次顺序。一般情况下,如果是解说事物对象的特征,可以按主次顺序进行,先说明本质特征,再说明非本质特征。如果是说明事物的性状,可以按空间顺序进行,由上到下,由内而外,或由整体到局部。如果是说明工作原理或程序,可以按时间顺序或操作程序的先后进行。

小贴士

解说员具备的条件

1. 讲解人员要声音洪亮、吐字清晰、发音准确、声情并茂。

2. 根据讲解的内容把握好语速、语调、语气。要善于运用讲故事的方式来讲解，以丰富的故事情节感染、打动观众，达到引起共鸣的效果。

3. 注重把握面部表情，轻松自然，让观众感到亲切。

4. 要学会了解观众的心理，发现观众的兴趣点，针对性地给予讲解，使观众被故事情节深深打动，这样才不至于让观众听着乏味。

5. 要注意运用肢体语言，讲到什么位置，用什么手势都要有严格要求，转身时尽量不要背对观众，站姿挺拔，展现自我良好的精神面貌。

四、解说注意事项

（1）解说时表情要自然、大方、隆重。同时依据解说内容面部表情要有正确而适量的变化，真实而适合地表现解说的内容，切忌作出过于夸张的表情而显得装腔作势。

（2）在站立时要自然地挺胸收腹，身体与地面垂直，重心放在前脚掌，双肩放松，双臂自然下垂或在体前交叉。

（3）内行走时，注意步伐轻而稳，仰头挺胸，双肩放松，两眼平视，面带浅笑，自然摆臂，同时注意保持与观众的距离，不可以拉得太开，离一米左右即可。在陈列厅解说时，解说员要面对观众退步走或侧身面对观众行走。在室外解说时，解说员一般走在观众右边中间靠前地点，把主道留给观众，身体微侧，防止背对观众。走楼梯时穿裙装走右边（挨着墙）。

（4）解说时眼光多用虚视法、环顾法，眼光不可以松懈，切忌神游物外。可与观众进行一些视觉沟通，对视时间不要太长。凝视的范围一般是以两眼为上线，以下颌为下点所形成的倒三角区间。眼神应自然、庄重、轻柔、坦荡、友好。解说时眼光平视，焦点尽量落在后边的观众，同时注意别人，这是最基本的礼仪，也能使自己精神更集中。

（5）解说时的指示手势要规范、合时、正确、洁净、利落、优美，做到眼到、口到、手到，切忌往返摇动、兰花指等，以及一些过重的肢体语言，过于做作而不符合礼仪规范的要求。

（6）解说时语调要有高低抑扬轻重的变化，假如说话的语调从头到尾都是平的，听起来会感觉很乏味。语调依据表示的语气和感情的不一样，可分为四种种类：平直调、高升调、降抑调、波折调。解说重音是解说时需要要点突出、特别重申的词。能够经过三种方法来实现：加大音量、加强声音力度、重申重音突出。

（7）解说时语速要有快有慢，快慢结合，这样发言才有吸引力。注意吐字归音。

（8）解说当日不吃大蒜等重口味的东西，有台阶的地方要随时提示注意安全，随时关注主要领导，解说的内容要依据主要领导的表现进行调整，有人提出疑问时面带微笑，仔细聆听，并及时解答。

小贴士

千古风流人物解说词

他，是中国的诗魂，被称为"诗仙"，去世一千多年，依然如皎皎的明月，照耀着中华大地。他爱漫游，足迹遍布大江南北，"五岳寻仙不辞远，一生好入名山游"，华夏河山，尽收笔底；他爱交友，"思君若汶水，浩荡寄南征"，点点心意，都在字里行间；他爱写诗，"俱怀逸兴壮思飞，欲上青天揽明月"，绣口一吐，就是半个盛唐。

本资料由作者根据相关资料改写

知识拓展

怎样解说好一个历史人物？

1. 生动具体。讲述人物的具体事迹，通过人物的语言、行动、著作、衣着打扮等，塑造出生动的形象；在讲述人物活动、思想时，教师还可以运用人物的画像、与人物有关的文艺作品等资料，使一个个历史人物的生动形象再现在学生的面前。

2. 褒贬功过。在建构人物形象基础上，引导学生运用历史唯物主义观点对人物的功过是非，作出正确的评价，帮助学生认识历史人物的本质。介绍出生年月、祖籍，例如秦始皇出生于赵国都城邯郸；介绍一下年少的经历事件，归纳几个出来，例如秦始皇于公元前247年即位。

3. 详细说一下这个人物的重大历史活动。例如秦始皇除吕不韦等，重用李斯、尉缭等，自公元前230至公元前221年先后灭韩赵魏楚燕齐六国。

4. 介绍人物的功过及产生的影响。秦始皇是历史上著名政治家、战略家、改革家，完成华夏大一统的铁腕政治人物，也是中国第一个称皇帝的君主，并奠定中国本土的疆域。

摘自中华诗词网

项目小结

与客户谈话时，态度一定要热情，语言一定要真诚，言谈举止都要流露出真情实感。俗话说："感人心者，莫先乎情。"这种"情"就是指对他人的真情实感，只有用自己的真情才能换来对方的情感共鸣。

复习思考

1. 常用的礼貌用语有哪些？

2. 如何真诚地赞美他人？

3. 解说技巧有哪些? 解说员应该具备哪些基本条件?

实操训练

1. 指导教师提前一周布置"赞美"训练的总话题,每两个同学自由结合为一组,自定"子话题",在课堂上进行情境模拟练习,最后由教师进行点评。

2. 指导教师提前选择几个历史人物,如曹操、刘备等,把全班分为若干个小组,以竞赛的形式轮流解说。

项目二

电话应对艺术

引言：电话是亲朋好友交流信息、联络感情,人们联系工作、开展社交的重要通信工具。日常工作、生活中,接听电话、通话看起来简单,但是有些人不熟悉或不讲究使用电话的礼仪,导致通话双方都不愉快,令人遗憾。

【教学目标】

1. 了解拨打电话的基本礼仪。
2. 掌握拨打、接听电话的技巧。
3. 塑造良好的通话形象。

任务一　拨打电话技巧

微课38：电话
基本应对礼仪

> **导学案例**
>
> 　　一天,小王给王老师打电话:王老师在吗? 王老师:我是王老师,请问您是哪位? A:王老师,您猜呢? 王老师:是李华吗? A:不是! 王老师:是刘霞吗? A:不是! 老师您都忘了我的声音了。
>
> ··
>
> 　　问题:小王打电话采用的方式是否合适? 存在什么问题? 打电话应该注意哪些礼仪规范?

一、拨打电话的技巧

（一）先自报家门

如果是你打给别人,一般是:我是某某,请问是××吗?

（二）内容简单明了,注意语气

打电话前,先整理好资料,以便使谈话更加简单明了,避免占用过长的时间,语气要柔和,不要带给人不快的感觉。

（三）要有礼貌

开始要先问好,说完后要说声谢谢,给不认识的人打电话,一般先做自我介绍,然后再说明意图。

（四）有效转达给接电话的人

即使接电话的是别人,你也要告知一下你是谁,找某某,以便对方转达,这也是礼貌的表现。

二、拨打电话注意事项

（一）选择时间

打电话时,应选择适当的通话时间。一般来说,若是利用电话谈公事,尽量在受话人上班

10 分钟以后或下班前 10 分钟通电话,这时对方可以比较从容地听电话。若是亲友间谈私事,除非事情紧急,打电话的时间不宜过早(早上 7 点钟以前)和太晚(晚上 10 点钟以后),以免打扰别人休息。打国际长途电话时,则要注意地区时差。

(二)通话准备

通话前要有所准备。确定受话人的电话号码,以免拨错号码,给别人增添麻烦;事先想好谈话内容,重要电话不妨先在纸上记下要点和有关数据,而不要在通话时再慌慌张张地翻材料,让对方握着听筒干着急。

(三)通话礼貌

通话要讲究礼貌。电话接通后应先向对方问好,然后自报单位和姓名。若接电话者不是自己要找的人,可请他(她)帮忙传呼,并表示谢意,不要"咔嗒"一声把电话挂断,而应把自己准备讲的话告诉接电话者,托他转告。如果内容不便转告,可以告诉对方改时间再打,或请对方转告回电话的号码。

图 4-2-1

往对方家里打电话,接电话者若是对方的配偶,通话更要讲究艺术。例如,一男士给一女同事打电话,她恰巧下楼没有带电话,她丈夫接电话时,要坦诚相告,自己是他妻子的同事某某,欲和她谈什么事儿。倘若不点明,万一碰上多心的人,他(她)会"浮想联翩",这个神秘的异性是何许人也……从而引起悬念、不安,甚至产生误会。自己要找的人接通了电话,简单寒暄后便可进入通话主题。

通话内容应简明扼要,不要东拉西扯、打哈哈、侃大山。根据情况可用探询或商量的口气交谈,同时细心倾听对方的反应。除了特殊情况,通话时间切忌过长,每次以 3 分钟左右为宜。交谈完毕道谢或道别后,把话筒轻轻放好。如果对方是长辈、上级,应让对方先放话筒。(图 4-2-1)

知识拓展

手机短信礼仪

人们把喜欢收发短信的人叫作"拇指族"。手机作为移动通信工具,主要是为了方便联络和交流。从交际礼仪的角度来讲,手机短信的使用需要掌握以下几点。

(一)使用礼仪

1. 缴费使用

经常查询手机话费,不要因为忘记缴费而被迫停机,致使他人与自己的联系中断,影响信息交流。

2. 适度使用

坚持以"有事发,需要发,有收必复"为原则,绝不因为自己的喜恶而骚扰或冷落对方。

3.文明使用

不在上课、开会、与人交谈时目中无人地使用手机发短信,这样会失敬于对方。对于那些不文明、不道德的信息不扩散,对于诈骗信息不可信、不可传。改换手机号码,要及时告知自己的交往对象,以保持联络顺畅。

(二)信息编辑礼仪

(1)主题明确,严谨准确,言简意赅,避免歧义。

(2)内容合法,遵守法律和社会公德,不制造、不传播低级趣味、造谣惑众、耸人听闻或有损国家制度、国家形象的不良短信。

(3)注意留名。给不熟悉的人发信息,一定要落款留名,以免"有去无回"。

本资料由作者根据相关资料改写

任务二　接听电话技巧

微课39:电话
订票话术

导学案例

某公司销售部文员刘小姐要结婚了,为了不影响公司的工作,在征得上司的同意后,她请自己最好的朋友陈小姐暂时代理她的工作,时间为一个月。陈小姐大专刚毕业,比较单纯,刘小姐把工作交代给她,并鼓励她努力干,准备在蜜月回来后推荐陈小姐顶替自己。某一天,经理外出了,陈小姐正在公司打字,电话铃响了,陈小姐与来电者的对话如下:

来电者:"是利达公司吗?"陈小姐:"是。"来电者:"你们经理在吗?"陈小姐:"不在。"来电者:"你们是生产塑胶手套的吗?"陈小姐:"是。"来电者:"你们的塑胶手套多少钱一打?"陈小姐:"12元。"来电者:"11元一打行不行?"陈小姐:"不行的。"说完,"啪"的一声挂上了电话。上司回来后,陈小姐也没有把这件事告诉上司。

....

问题:陈小姐的做法合适吗?为什么?

一、尽快接听

来电接听,电话响起第二声为最佳接听时间,务必不得超过第三声,第一声接听会显得太急,感觉工作人员太闲,如果第三声接听会显得不太礼貌,让人久等,所以接听电话建议第二声开始接听。接听开场白应该是"您好,这里是××公司,我是××部×××,有什么可以帮您吗?"

电话铃响之际,如果自己正与同事或客人交谈,可先与同事或客人打个招呼,再去接电话。拿起听筒后,先说"您好",接着自报家门。听电话时应聚精会神,可以不时地"嗯"一声,或说"好"等,以表明自己正仔细倾听对方的谈话并有所反应。不要在接听电话的同时,与身边的熟人打招呼或小声谈论别的事情。当对方在与你说再见的时候,同时你也要礼貌地回复对方一下,表示尊重对方,等对方先把电话挂掉,你确认通话结束后才把电话挂掉。挂电话时要小心,不要发出过大的声音。

接到电话时若正在用餐,最好暂停吃喝,将口中的食物处理掉,以免自己咀嚼吞咽的声音通过电话传进对方的耳朵,给对方留下被轻视的感觉。

二、助人为乐

在日常生活和工作中,当接到的电话不是对方要找的人时,应主动帮助对方传呼受话人。如果受话人不在,要马上告诉对方,并客气地询问对方,是否有急事需要转告。如有,应认真记录,随后及时转告;若对方不愿讲,也可悉听尊便,但不可盘问、打听。通常在对方放下电话之后,接电话者再轻轻放下电话。

接到打错的电话时,首先应仔细倾听对方找谁,然后询问对方拨打的号码是多少,最后客气地告诉对方打错了电话。若有可能,可为对方提供一点线索。不要责怪拨错电话号码的人,或气呼呼地挂断电话,以发泄不满,这是不礼貌的举止。对方道歉时,可说声"没关系";对方致谢时,回答"不客气"。彼此以礼相待,皆大欢喜。

三、随时记录

在手边放上纸和铅笔,随时记下你所听到的信息。如果你没做好准备,而不得不请求对方重复,这样会使对方感到你心不在焉、没有认真听他说话。

四、塑造形象

打电话是一种特殊、快捷的交往方式。说它快捷,即使两人相距遥远,通话时也犹如近在咫尺;说它特殊,彼此"只闻其声,不见其影"(使用可视电话例外)。通电话主要靠声音进行交流,因此,打电话者和接电话者均应格外注意音量、语气及谈话内容,以便给对方留下美好的印象。

接听电话的基本要求大致分为语气、态度、控场。在接听过程中,语气应该做到声调友好、亲切,口齿清晰。态度应该面带微笑接听,富有礼貌。微笑是可以传染人的,电话一头是怎么样的态度,电话另一方是能够明显感觉得到的。最后一个基本点是用心倾听,冷静回答,控制回答节奏,在回答问题过程中控场是十分重要的,如何控制接听步调,尤其是销售电话,显得尤为重要。

中华礼仪知识链接

趣谈古代传递信息的方法

古人在战时,军情如火情,信息的传递则显得尤为重要。

第一种方式是"来鼓"。来鼓是击鼓传令的意思,根据殷墟出土的甲骨文记载,商代时就出现了击鼓传令,是我国最早出现的有组织的通信活动。殷商时面对边境强大的敌人,除了派重兵把守以外,还设置直径两三米以上的巨大铜鼓,放在高高的架子上,一旦出现敌情,便敲击铜鼓,通过不同敲打频率和节奏来传递不同的内容,然后一站接着一站地把军情传递出去。

第二种方式是烽火台。烽火是中国古代用来传递边疆军事情报的一种通信方式,始于商周,延至明清,相传了两三千年。在边防军事要塞、交通要塞的高处,每隔一定距离就会建一座高台,称之为烽火台。烽火台里面存放一些易燃冒烟的东西,发现敌情时,白天燃烧湿柴、油脂、半湿的牛羊粪等混合物以"燔烟"报警,夜间燃烧薪柴以"举烽"(火光)报警。

第三种方式是邮驿。前面说到的烽火台,虽然传递信息较快,但是局限性也很大,只能起到警示作用,从周朝以后就使用了传送官府文书的更加严密的邮驿,与烽火台结合使用。而到了秦始皇统一中国之后,书同文、车同轨,建立了以都城咸阳为中心的驰道网络,制定了我国最早的邮驿法,逐渐完善了邮驿系统。汉承秦制,汉代时进一步完善了邮驿制度,并统一名称叫"驿"。规定五里一邮,十里一亭,三十里置驿。

到了唐代,邮驿大大发展,邮驿分为陆路邮驿、水路邮驿和水陆两栖邮驿,共有1600多座,还制定了考察制度,驿卒需持有特制的身份令牌"信牌"。从宋代开始,驿卒改为士兵担任,增设"急递铺"制度,设金牌日行五百里、银牌日行四百里、铜牌日行三百里这三种等级。元代开始,邮驿改称为驿站。到了明代,随着郑和下西洋,还开辟了海上邮驿。到了清朝后期,近代邮政逐步兴起,邮驿制度逐步被淘汰,1913年北洋政府宣布撤销全部驿站。

资料来源于《百家讲坛》

项目小结

在职场中,用电话沟通和交流是必不可少的。所以掌握电话应对艺术就十分重要,在此过程中,接打电话的人员不仅展现了个人的语言表达水平和人际交往能力,更代表了一个组织和单位的形象。因此,不妨从接打电话这件小事做起,提升个人素质,成为更好的自己!

复习思考

1. 拨打电话一般选择什么时间?
2. 拨打电话前需要做什么?
3. 接听电话分别有哪些技巧?
4. 接听电话如何塑造美好形象?

实操训练

四人一组,结合所学接打电话技巧,在课堂上进行情境模拟练习,两名同学模拟接听电话,两名同学当评委,最后由教师进行点评。

项目 **三**

危机处理艺术

微课40:咨询投诉处理技巧

微课41:投诉应对标准话术

引言:危机处理艺术是企业为应对各种危机情境所进行的规划决策、动态调整、化解处理等活动过程,其目的在于消除或降低危机所带来的威胁和损失。如今社会转轨时期,社会危机事件越来越多,如何倾听、拒绝、劝服就显得尤其重要。

【教学目标】

1. 了解拒绝的艺术。
2. 掌握倾听技巧。
3. 会用劝服方法,应对工作中的各种危机。

> **导学案例**
>
> 　　戴尔·卡耐基曾说:"如果你想成为一个谈话高手,那么首先你得学会聆听,要鼓励别人多谈他自己的事,而不是让别人只听你说话。"有一天,他去纽约参加一场重要的晚宴,在这场晚宴上,他遇到了一位世界知名的植物学家。戴尔·卡耐基全神贯注地听这位知名的植物学家介绍有关外来植物和交配新品种的许多实验,只是偶尔微笑、点头回应下对方。然而等到晚宴结束以后,这位植物学家向主人极力称赞戴尔·卡耐基,说他是这场晚宴中"能鼓舞人"的一个人,更是一个"有趣的谈话高手"。
> ···
> 　　**问题**:植物学家为何极力称赞戴尔·卡耐基是这场晚宴中"能鼓舞人"的一个人,更是一个"有趣的谈话高手"?

任务一　倾听技巧

微课42:浅浅地说,深深地听

微课43:如何有效倾听

　　倾听是一种珍贵的能力,是人作出决策的第一步,是取得判断所需信息最可靠、最有效率的途径。良好的倾听能力是人获得卓越绩效的关键,但很少有人能够确实培养这一技能。大多数人在职业生涯过程中,都曾听到别人说自己的倾听技能还有加强的空间。在实际的工作中,许多管理人员把倾听技巧视为理所当然,转而把精力花在学习如何能够更有效地发表自己的看法上。这样的做法其实产生了误导。良好的倾听——也就是积极、有纪律地探索、挑战他人提供的信息,以改善信息质量和数量的活动——是建立知识基础的关键。这样的知识基础才能激发出新颖的观点和想法。

一、倾听方式

（一）假装式倾听

这类倾听就是看起来在认真听，实际上大脑在想其他的事情。当你不想听对方说话的时候，就会出现这种倾听模式。比如：在开会的时候，同事不断重复说同一个问题，你听得有点厌烦了，又不能直接开口对同事说"我不想听你说了"，就只能假装在听，实际上已经在想其他事情了。

（二）应对式倾听

即为了解释或者捍卫自己的立场而去倾听。这类倾听只是为了能够找到说辞来回应对方，有时候甚至会过滤掉自己无法回应的话语。比如：你正在负责一项招标工作，领导过来问你："为什么投标文件还没有做好，里面有很多细节一定要反复确认，多安排几个人复核。"这时候你脑中在想的，是不是该怎么回应领导呢？如果是因为自己拖拉导致项目进度变慢，在面对领导的质疑时，你会自动忽略"为什么投标文件还没有做好"这句话，然后回复领导："好的，我一定多安排几个人来复核标书。"

（三）学习式倾听

回想下你的学习经历，每次上课时听老师讲了一堆内容，最后记录下来的，是不是都是自己想了解的重点？这样的倾听方式，就是学习式倾听。这类倾听不是为了换位思考，而是获取信息。所以在倾听时，会精准地选择自己想要倾听的内容。

> **知识拓展**
>
> 清代文学家蒲松龄在路边搭建茅草凉亭，记录过路行人所讲的故事，经过几十年如一日地辛勤搜集，再加上自己废寝忘食地创作，终于完成了中国古代文学史上划时代的辉煌巨著《聊斋志异》。
>
> 资料来源于《百家讲坛》

（四）共情式倾听

即在倾听过程中，站在对方的立场去想问题，试着全方位去了解对方。比如：你看到一名同事早上迟到了，看上去闷闷不乐，你可以先问他："今天发生了什么事？你看起来有点累。"同事回答你，自己的车坏在了路上，转了两趟公交车才到公司。此时你可以站在他的角度去想，该怎么帮助他解决交通问题。你可以回答："听说小文就住在你家附近，你下班后可以坐她的车回家。"在这段对话中，你所做的就是共情式倾听。

> **案例赏析**
>
> 在一次推销中，乔·吉拉德与客户洽谈顺利，就要签约成交时，对方却突然变了卦——快进笼子的鸟飞走了。当天晚上，按照顾客留下的地址，乔·吉拉德找上门去求教。客户见他满脸真诚，就实话实说："你的失败是由于你自始至终没有听我讲话。就在我准备签约前，我提到我的独生子即将上大学，而且还提到他的运动成绩和他将来的抱负。我是以他为荣的，但是你当时却没有任何反应，而且还转过头去用手机和别人讲电

话,我一恼就改变主意了。"此番话重重提醒了乔·吉拉德,使他领悟到"听"的重要性,让他认识到如果不能自始至终倾听对方讲话的内容,认同顾客的心理感受,难免会失去顾客。后来再面对顾客时,他就非常注意倾听他们的话,无论是否和他的交易有关,他都给予充分的肯定,收到了意想不到的效果。他终于成为一名推销大师。

二、倾听技巧

(一)展现尊重

身为主管,要是不听取各级人员的意见,根本无法经营复杂的组织。而一名好的倾听者首先要相信每一个人都能作出独一无二的贡献。尊重别人,才能赢得别人的敬重。身为一个好的倾听者,就是协助对方抽丝剥茧,用新的眼光来解读关键信息。特别需要注意的是,等级、官职较高一级的人必须克制住想要"帮助"资历浅的同事的冲动,不要急于马上提供答案。

有一点特别要提出来的是,态度尊敬并不代表避免询问尖锐的问题。好的倾听者会经常问问题,以挖掘出所需信息,协助对方作出更好的决策。对话要达成的目标就是能够自由开放地交流信息和想法。

(二)保持安静

倾听的指导原则是在交谈过程中,80%的时间由对方说话,受众说话时间只有20%。此外,应尽量让说话的时间有意义,也就是尽量用说话的时间问问题,而非表达自己的看法。当然,说比做容易——毕竟大多数人天生都有直言不讳的倾向。不过,如果忙着说,就无法真的倾听。不良倾听者要不就是把对话当作是宣扬个人身份或想法的机会,要不就是花比较多的时间思考下一个回复,放任个人意识阻碍倾听,而非真正倾听对方说话。不能保持安静,就无法倾听。而要抑制说话的冲动并不容易,但伴随着耐心和练习,可以学会控制那股冲动,选择在适当的时机加入,改善对话的质量和效能。

有些人天生就知道该如何"表达",何时"打断",但大多数人必须靠后天努力才能做到。虽然对话时有不时提问题打断的必要性,以将对话导回正轨或加快进行,但不要太过匆忙。倾听者要有意识地思考何时打断,何时保持中立、不带情绪地倾听,尽可能延后反驳,避免打断。随着保持沉默的能力增强,就可以更有效地运用沉默。保持沉默有更多机会观察到一些平时可能会遗漏的非语言线索。

(三)提出问题

良好倾听的一个重要基石是要从一段对话中获取所需的信息。一个好的倾听者应该具备提出深刻见解的能力,说话者会乐于听到不同的意见。倾听并不意味着不思考,良好的倾听更应建立在思考之上,能够提出自己独到见解的倾听无疑是倾听的最高境界,这不但不会让说话者觉得你不尊重他,反而会让他觉得你在认真地倾听。这种倾听过后的疑问,他们最乐意解答了。

小贴士

1. 听取君子言,观其行止。

这句话的意思是在接受一个人的建议或意见时,要关注他们的行动和举止,而不仅仅是听他们说话。通过观察他们的行为,可以判断他们的真实意图和动机。

2. 贵人多忘事,小人多记仇。

这个古语告诉我们要对别人心存感激,因为有些人可能会忘记我们的好处,但也不要轻易得罪人,因为有些人会记仇。

3. 聪明出于勤奋,天才在于积累。

这句话告诉我们,成功不仅仅是天赋和智慧,更需要勤奋和积累。只有通过不断地学习和实践,才能成为一个真正聪明的人。

4. 明者因时而变,智者随事而制。

这个古语教导我们在面对不同的情况和时代时,要作出相应的调整和变化。只有灵活地应对各种复杂情况,才能走向成功。

5. 一日之计在于晨,一年之计在于春。

这句话告诉我们要在每一天早晨规划自己的日程,从而在一年中取得更好的成果。只有在每天的计划中设置目标和规划,才能取得更大的成功。

知识拓展

朱元璋一介草民,为什么最终能够登上皇帝的宝座?单凭他的才能行吗?答案是否定的。朱元璋府中那么多的幕僚,在他的成功路上起着重要的作用。从鄱阳湖大战打败陈友谅,到平江战役消灭张士诚,再到大军北伐统一江山,朱元璋在作重大决定之前,都把幕僚招到身边,仔细聆听他们的看法,并向他们征求意见。而这一点,在朱元璋登基做了皇帝后表现得更为明显。他从做皇帝的第一天起,每天都有一个固定的时间,在后花园邀请一些名人儒士,听他们讲解儒家学说,听他们谈论治国之道,听他们建言献策,每次朱元璋都认真地聆听。

这种善于倾听,善于纳谏的日常规范,为朱元璋早日稳定江山,实现国家富强的政策制定提供了最真实的来源。

任务二　拒绝技巧

微课44:拒绝技巧

微课45:敢于拒绝勇说"不"

案例导入

　　小芳要给日本客户做一批东西,但说明书全是日文。于是她打电话向好友小芹求助。小芹很清楚,专业说明书的翻译工作不是个简单的活儿,更何况这阵子手头工作又多,于是考虑了一会儿,非常客气地说:"并不是我不愿意帮忙,你知道的,产品说明书很专业,我在大学学的不是专业翻译,这些年又没接触过,那点知识早还给老师了,凭现在这水平恐怕难以胜任啊。"

　　小芳说:"别谦虚,你在大学的时候可是我们班最优秀的,我对你很有信心。"小芹回道:"可我对自己没信心啊,要是搁平时还好点儿,这段时间公司经常加班,急着赶一个策划书,我可是奋战了三天三夜啦,忙得一塌糊涂,现在一看文件就头疼。我想你的文件一定很重要吧,为了不耽搁事儿,建议还是找翻译公司做比较合适。"

　　小芳想了想说:"嗯。也是,专业翻译确实是件棘手的事,那我就去找个翻译公司做好了。你啊,别太累了,要注意休息,保重身体!"脸上却流露出了不悦的表情。

　　···

　　问题:小芳为何露出了不悦的表情?小芹应该怎样拒绝才能使对方接受拒绝时所产生的遗憾降到最低程度呢?

　　在纷纭复杂的生活舞台上,无论你扮演什么角色,都少不了会有人求你做不该做、不愿做或者根本就做不到的事,你可能会因为拒绝他人的要求而被指责为"忘恩负义""不近人情"。虽然助人为快乐之本,但在对方提出不合理的要求时,不由自主地答应下来,一定会给自己的工作和生活带来消极的影响,同时也给自己带来精神上的烦恼。合情合理地运用推卸艺术拒绝他人,既能使自己有效地远离烦恼,又能使对方免于尴尬。

一、先声夺人

　　求人办事,一般都不会直截了当提出请求,而先以寒暄话为过渡,把困难引出,再慢慢切入正题。因此,应在其"言归正传"之前,主动出击,获得语言的主动权。既然你要拒绝对方,那么就尽量别让对方把请求的话说出口,以避免被动和尴尬。例如:

　　李山在最近一次体检中查出脂肪肝,而且比较严重,医生建议他今后不能再饮酒了。李山的妻子知道他的病情后与李山约法三章,即日起坚决不允许他再饮酒,李山连连承诺。从这以后,连续半个月时间里,李山滴酒未沾,能躲的酒局他全都想办法躲了,不能躲的酒局他也用各种理由拒绝饮酒。有一天,李山夫妻二人刚下班回家,准备做饭,李山的手机响了。李山看了一眼手机对妻子说:"坏了,是老四。"老四是李山的大学同学,同寝室的室友,与李山在同一个城市里工作。老四是出了名的酒君子,李山猜想,他这个时间打电话来,估计就是要凑酒局。妻子十分了解老四的劝酒功夫,吓得赶紧说:"找个借口,千万不能去,只要去了,想不喝都不成。"李山有了主意,接通电话,不待老四言语先开口道:"老四,这么巧,你咋一到我出差时就找我呀。"老四失望地说:"怎么又出差了? 哥几个凑一块儿想喝点儿呢。"李山说:"好吧,等我回来后再约你。"

　　李山事先料到了老四电话的内容,所以采取了主动出击的策略,告诉他自己不在本地。既然不在本地,自然无法赴酒局了。免了很多口舌,却达到了拒绝的目的。假如等老四先开口说出要请他喝酒的事,再说自己出差之类的话,即使是真的,对方也不大会相信,那样的话,拒绝的效果就会大打折扣。

二、请君入瓮

在日常工作中,谁都会有不想让他人知道的秘密。对于办公室的人员而言,关于产品的、人事的、制度的等涉密性的信息就更多。经常会有一些涉及本人利益又与这些人私交不错的人,或者领导身边的"好事者",出于某种心理,前来打探"秘密"。如果不说吧,让人觉得不够朋友、摆架子,说吧,违反组织纪律要求。此时,不妨引导被提问者设身处地为你着想,幽默应对。例如:

一日,某企业关于"领导干部调整方案"的会议刚散,销售部的王经理就来到总经理办公室。由于两人平时交情不错,于是,王经理就很随意地向总经理打听干部岗位的调整情况。总经理手持水杯,走到他身旁,在他耳边低声说:"干部调整方案是事关整个集团的大事,争议很大,你能保密吗?"王经理严肃而郑重地说:"我对天发誓,绝不会透露半个字。"总经理微笑着说:"我也是。"随后,两人哈哈大笑。

总经理在处理这个问题时先设定了一个陷阱,然后把对方的回答反弹给对方,同时也不会让对方尴尬。一个很难处理的问题就这样被总经理两句轻松有趣的话语给解决了。

三、巧妙替代

有时候,拒绝是一个过程,若能化被动为主动地关怀对方,让对方了解自己的苦衷与立场,就可以减少拒绝的尴尬与影响。他人向你所提要求难以达到,你不妨在拒绝的同时,提供另一种能够满足对方要求的选择,作为心理上的补偿,对方还是很感激你的。例如:

有个野心勃勃的军官一再请求首相迪斯雷利加封他为男爵。迪斯雷利知道此人才能超群,也很想跟他搞好关系,但该军官不够加封条件。一天,迪斯雷利把他单独请到办公室里,说:"亲爱的朋友,很抱歉我不能给你男爵的封号,但我可以给你一件更好的东西。"迪斯雷利放低声音说:"我会告诉所有人,我曾多次请你接受男爵的封号,但都被你拒绝了。"这个消息一传出,众人都称赞该军官谦虚无私、淡泊名利,对他的礼遇和尊敬远超过任何一位男爵。该军官由衷感激迪斯雷利,后来成了他最忠实的伙伴和军事后盾。

该军官虽然被拒绝了男爵的封号,但是首相迪斯雷利向大家作了很好的解释,能够赢得众人的礼遇和尊敬,这对于该军官来说,的确是"一件更好的东西",既保留了面子,又提高了自己的声誉。迪斯雷利能够设身处地为该军官着想,巧妙替代,切中实质,这是一种智慧的拒绝。

四、含蓄转移

当不适宜正面拒绝时,可以采取迂回战术。先向对方表示赞同和肯定,然后在此基础上提出一个更高的要求。由于先前对方在心理上已经因为你的赞同使两人的距离拉近,所以,对于你的更高要求的确做不到的话,那也只能知难而退,用"自叹不如"来面对,对于你的拒绝也能以"可以体谅"来接受。例如:

一天,广告专业的毕业生刘明来面试。李经理仔细看着刘明设计得并不理想的广告文案,但他并没有直接否定,而是说:"你这个平面广告文案的设计很有创意,很少有同学能够站在这个角度思考广告文案。不过,你可不可以再换一个角度,把广告标语作为'卖点'来做?希望这样做不会耽误你过多的时间,完成后发到我的邮箱里,我们再探讨。"

很多的求职者最难堪的就是应对考核者。应聘失败一次,自尊心就受挫一次,以致没有勇气再来下一次。李经理的这种拒绝方式不会当面挫伤求职者的自尊心,这也是一种弹性的拒绝。如果刘明同学能够很好地设计出经理想要的广告标语,那么经理也不会失去得到人才的机会;如果设计不出来,大多数求职者会主动放弃,也就达到了让他人知难而退的目的。

案例赏析

日本有个叫井上的青年,有一天去拜访日本本田汽车创始人本田宗一郎,想把一块地卖给他。本田宗一郎很认真地听着井上讲,一直没有说话。听完井上的陈述后,本田宗一郎并没有做出"买"或者"不买"的直接回答,而是从桌子上拿出一些类似纤维的东西给井上看,并对他说:"你知道这是什么吗?""不知道。"井上老实回答。"这是一种新发明的材料,我想用它做我们的汽车外壳……"本田宗一郎向井上详细讲述了一遍。本田宗一郎这一讲就是半个小时,谈论了这种新型汽车制造材料的来历和好处,又讲了他明年拟采取何种新的汽车销售计划。这些内容使井上摸不着头脑,但感到很愉快。在本田宗一郎送井上走时,才顺便说了一句不想买他的那块地。本田宗一郎如果刚开始就告诉井上自己不想买那块地,那么势必要引起一场说服与反说服的争论,而本田宗一郎巧妙地转移了话题,用委婉的方法拒绝了对方的要求。

五、谦恭退却

在实际工作中,常会遇到这种情况,有些人本来自己能够做,也是他自己应该做的事,偏要找借口求人代劳。对于这些分外的事,无论是谁都有理由严词拒绝。但如果用直截了当的方式又伤害彼此之间的感情,很可能会影响团结。倘若换一种方式,不吝啬对对方大加恭维,让对方在赞誉声中有所收敛,你便可乘势脱身。例如:小李打算参加省里的论文比赛,可是他自己懒得动脑,便要求小方执笔为他写文章。小方说:"咱们同学那么多年,你的文才谁不知道,你是咱们系大名鼎鼎的高才生啊,要笔杆子谁能比得上你?我可不能辱没你的名声,还是你自己写吧。我做你的第一读者倒是胜任的。"

小方的推却词对小李大加恭维,用赞誉的杠杆挑出自己与小李的差距感,达到脱身的目的,其妙处耐人寻味。

六、幽默拒绝

用幽默的方式拒绝别人,有时可以故作神秘、深沉,然后突然点破,让对方在毫无准备的笑声中接受拒绝。这样的拒绝,在达到拒绝目的的同时,还能让对方愉快地接受。意大利音乐家罗西尼生于1792年2月29日。因为每四年才有一个闰年,所以等他过第18个生日时,他已经72岁了。在他过生日的前一天,一些朋友告诉他,他们募集了两万法郎,准备为他立一座纪念碑。罗西尼听完后说:"浪费钱财! 给我这笔钱,我自己站在那里好了!"罗西尼不同意朋友们的做法,但又不好直接拒绝,于是提出了一个不切实际的想法,幽默地拒绝了朋友们的要求,又不会伤害朋友们的好意。

总之,在社交中,遇上一点麻烦不足为奇,大可不必杯弓蛇影。只要掌握了拒绝的艺术,相信聪明的你定能在纷繁复杂的社交活动中彰显自己的智慧。

知识拓展

九大高情商的拒绝技巧,让你既能轻松说"不",又不至于伤害人际关系

1. 条件应承法。这个技巧,看似是答应别人的请求,其实是通过设置前提条件的方式,巧妙拒绝别人。比如,别人向你借钱时,你就可以这样说:"借两千块钱啊,没问题,不过,我现在手头也比较紧,之前已经借出去了很多,等别人还我了,我再借给你吧。"至于有没有人借你钱,什么时候会还你,那还不是由你说了算。

2. 借人推托法。这种高情商拒绝技巧就是说,自己"想"答应,但却不能完全做主,需要与人商量,比如:"这个事呀,我是很想帮你的忙,但得先与我媳妇(或其他人)商量以后,才能定下来,我做不了主。"

3. 礼貌谢绝法。比如,你可以这样拒绝:"谢谢你如此看重我,不过,我的能力有限,实在是做不了这件事,帮不了你的忙,抱歉了。"用这个技巧拒绝,基本原则就是要尽量客气,表现出足够的礼貌,但拒绝的意思要明确。

4. 不卑不亢法。比如,你可以这样拒绝:"嗯,我明白你的想法了,可这件事我不太适合,你还是找找别人看吧,好吗?"不卑不亢,就是态度得体、分寸恰当,在拒绝时,言语不要太过强硬,也不能过分软弱。

5. 幽默风趣法。比如,你可以这样拒绝:"实在对不起呀,我现在手头上还有事,只好选择当你的'逃兵'了。"幽默风趣,旨在冲淡拒绝时彼此的尴尬和减少对人际关系的伤害。

6. 无言以对法。有时候,语言上实在不好意思拒绝,不好开口说"不",那么,不妨用叹息、摇头、摆手、耸肩、皱眉等肢体语言来表达自己的拒绝态度。

7. 转移补偿法。这个技巧就是在表明拒绝后,可以在一些小事上给对方以补偿,或者换一种方式补偿,比如,可以这样拒绝:"实在对不住,这件事我的确是爱莫能助,不过,我可以帮你打听一些消息,希望能帮到你。"

8. 借力他人法。这个技巧,就是借他人的名义来拒绝,比如,你可以这样拒绝:"这件事,某某之前也问过我,可我却没帮上忙,所以,只好对你说抱歉了。"

9. 自我保护法。比如,你可以这样拒绝:"这件事你可实在是太难为我了,如果我答应你的话,那我会很丢脸的,而且,对我而言,风险实在太大了,超出了我的承受范围。"

(本资料由作者根据相关资料改写)

任务三　劝服技巧

微课46:如何倍增你的说服力　　微课47:劝服技巧

案例导入

　　1939年春夏之间,当爱因斯坦知道希特勒正在着手研究核武器时,他和西德等商议,一定要说服美国总统罗斯福,美国也应该研究核武器,从而与德国法西斯抗衡。于是,爱因斯坦写了一封信,并找到了罗斯福总统的好朋友经济学家亚历山大·萨克斯,请他向总统面呈此信,并进行游说。

　　1939年10月,一直等了两个月的萨克斯,终于有机会进入白宫,向总统面呈了爱因斯坦的这封长信,并读了科学家们关于核裂变发现的备忘录。

　　可是,罗斯福总统却听不懂那艰深生涩的科学论述,反应很冷淡。

　　过了几天,萨克斯又找到罗斯福,两人在餐桌上坐定,萨克斯刚想开口,罗斯福却把刀叉塞到他的手里说:"老朋友,你又有什么绝妙的想法了? 你究竟需要多少时间才能把话说完?"萨克斯微笑地说:"我不想在沉默的情况下和您共进早餐,那未免也太单调了吧?"罗斯福也笑了。"那么,今天不许再谈爱因斯坦的信,一句也不许谈,明白吗?"

　　"明白,我的总统先生。"萨克斯用刀在桌面上轻敲了三下。"我只想讲一点儿历史,有趣的历史,关于法国皇帝拿破仑的一件趣事。""拿破仑?"罗斯福来了兴趣,"好,您说吧。"

　　"英法战争时期,拿破仑在海上屡战屡败。这时,一位年轻的美国发明家富尔顿发明了轮船,他建议拿破仑把法国战舰的桅杆砍断,撤去风帆,装上蒸汽机,把木板换成钢板。可是对这项发明一窍不通的拿破仑却想:船没有帆就不能走,木板换成钢板就会沉没。于是,他把富尔顿轰了出去。历史学家们在评述这段历史时认为,如果当时拿破仑采纳了富尔顿的建议,19世纪的历史就得重写!"

　　罗斯福望着萨克斯深沉的目光,沉思了几分钟,然后拿出一瓶拿破仑时代的法国白兰地,斟满了酒,把酒杯递给了萨克斯说:"您胜利了!"

　　萨克斯顿时热泪盈眶:"总统先生,您这句话揭开了美国制造原子弹历史的第一页!"

　　问题:现实生活中,每个人的观点、看法、立场都是可以改变的。如何使他人改变原有的态度,接受你的想法,并按你的想法去做呢?

　　劝服是一种语言艺术,它既有宽慰的特点,也有提醒、警示的特点,所以它的言谈方式多样。亚里士多德说过:"蠢人用他知道的道理说服我,智者用我知道的道理说服我。"这句话可以说是对说服艺术的一个很好的概括。

一、激将法

有的人误入歧途而且执迷不悟,对这种人的劝服如果只用委婉的话、理解的话去启发他们自觉自省,往往很难见效。如果能使用某种带有强烈刺激性的语言,可能会促使其幡然悔悟,接受别人的劝说。例如:

民国时的章太炎先生是一位饱学之士,因为得罪了袁世凯。于1914年被幽禁在北京龙泉寺,愤而宣布绝食。

第二天,他的弟子钱玄同、朱逊光、马夷初和吴承仕去看他,劝他进食。章太炎不管别人怎么劝,只是一味摇头,就是不肯进食。

吴承仕灵机一动,想起了三国名士祢衡击鼓骂曹的故事,于是便说:"先生比祢衡如何?"

章太炎一瞪眼说:"祢衡怎么能和我相比呢?"

吴承仕连忙说:"刘表要杀祢衡,自己不愿担杀士之罪,而指使黄祖下手。现在,袁世凯比刘表高明多了,他不用假黄祖这样的角色,叫先生自己杀自己。"

章太炎听完一骨碌翻身下床,恢复进食。劝章太炎这样心高气傲的饱学之士,平常的办法是不会有效的。而吴承仕用的就是激将法,一激再加一比,赞美中有刺激,刺激中有规劝。

二、类比推理法

在劝服对方接受一些他难以理解的现实、难以同意的观点时,如果能找出具有共同特征而且容易被对方理解的事例,加以类比推论,就可以大大增强语言的说服力,使对方认同你的观点。例如:

郑板桥早年家里比较贫穷,有一年在扬州过年,由于实在没钱,便在屠夫那里赊了一只猪头回家。大年三十晚上,正准备把猪头下锅的时候,屠夫来了,生生将猪头要了回去,原来是有一家人爱吃猪头肉,给屠夫出了高价。这件事让郑板桥一直耿耿于怀,直到后来到山东范县做县令,他特别规定屠夫不能卖猪头,自己吃也要交税,以示对屠夫的惩罚。

郑夫人听说这件事情后,感觉不妥。一天,她捉到一只老鼠吊在房里,夜里老鼠不停地挣扎,吵得郑板桥一夜没睡好觉,对妻子的做法非常不满。

郑夫人解释说她小时候妈妈好不容易给她做了一件新衣裳,却被老鼠啃坏了,所以她要好好惩罚一下这些老鼠。郑板桥听后大笑道:"兴化的老鼠啃坏了你的衣裳,又不是山东的老鼠,你恨它是何道理?"郑夫人马上借机说:"你恨的不也是扬州的屠夫吗,为何对山东的屠夫如此苛责呢?"郑板桥恍然大悟,马上取消了这条不合理的规定。

故事中郑夫人拿"老鼠啃坏新衣裳"与"屠夫要回猪头肉"相类比,其中的道理浅显易懂,让郑板桥恍然大悟。试想如果郑夫人跟他讲什么"为官之道""宰相肚里能撑船"的大道理,肯定没有这种类比劝说的效果好。

当我们想要劝服别人的时候,用类比的方法来说明自己想要说的道理,会比运用纯理论说教的方法更有效果。

三、借用故事法

对于有一定的职位、平时很自负的人，直截了当地说出你的意见，让其改正，是一件很难做到的事情。如果巧借一则生动的故事，使其领悟你的想法，则既说明了道理又维护了对方的自尊，避免了彼此的正面交涉，有利于后续工作的顺利进行。例如：

美国的《独立宣言》字字珠玑，对推动美国革命起到了巨大的作用。这篇文章出自才华横溢的杰斐逊之手。杰斐逊对自己的文笔颇为自负，认为自己写出来的东西无可挑剔，往往动一字就像割掉他身上的一块肉一样。

富兰克林是起草这个文件的负责人，他深知杰斐逊的性情。他一方面觉得《独立宣言》的草稿必须修改，另一方面又怕引起杰斐逊不愉快，于是他巧妙地向杰斐逊讲述了一个故事：

有一个青年人开了一家帽店，他拟了一块招牌，上面写着"约翰·汤姆森帽店，制作和现金出售各式礼帽"，还在招牌下面画了一顶帽子。他觉得这个招牌很醒目，洋洋得意地等着朋友们的赞赏。

但是他的朋友们却不以为然，一个人说"帽店"一词与后面的"出售各式礼帽"语义重复，可以删去。

一个朋友认为"制作"一词可以省略，因顾客只要帽子式样称心、价格公道、质量上乘，就自然会买，至于是谁制作的，他们并不关心。再说约翰并非久负盛名的制帽匠，人们更不会注意。

另一个朋友认为"现金"两字纯属多余，一般到商店购物，都是用现金的。

经过几次修改，招牌只剩下"约翰·汤姆森，出售各式礼帽"的字样和礼帽图案了。

尽管这样，还有一个朋友不满意，他认为帽子绝不会白送，"出售"二字可以删去，还有"各式礼帽"与图案也重复了，可以不要。最后，只有"约翰·汤姆森"的名字和礼帽图案了。

几经修改，招牌变得十分简洁明了，因而也就更加醒目，年轻的帽店店主非常感激朋友们的宝贵意见。

杰斐逊听了这则故事，深有所感，因此广泛听取公众的建议，把《独立宣言》修改得好上加好。

杰斐逊是一个才华横溢而又十分自信的人，说服他不是一件容易的事，如果不注意运用技巧，方式生硬，就不能说服对方甚至可能会适得其反。即使对方选择妥协，那也是口服心不服。可贵的是富兰克林有针对性地采取讲故事的方式，娓娓道来，在不知不觉中感染对方，说服对方，其技巧令人拍案叫绝。从不容动一字到广泛听取公众的建议，这是杰斐逊的高明，更是富兰克林说服技巧的胜利。

案例赏析

一位学有小成的年轻人，在数学研究上打算选择数论作为自己的研究课题，他向著名数学家华罗庚请教。华罗庚为了说服年轻人另辟蹊径，开拓新的领域，说了这样一段话："数论这东西，我在30年代开始研究的时候，好像是一桌丰盛的筵席，好吃的东西多着呢。到了陈景润这一辈，数论已经被许多人'吃'过了，桌上是残羹剩菜，不过，陈景润也够厉害的，'吃'了不少。如今到了你这一辈，数论的一些重大课题都已经被人'吃'掉了，连残羹剩菜都不多了，你何必去舔盘子呢？你要自己去找一个新的领域，闯进去！"

四、抚慰法

人在伤心怄气、心情沮丧时，一般的劝解大多无效，这时就需要用特定的方法与之沟通。在沟通时，尽量使用肯定的、赞许的口吻，选取对方最值得欣慰和自豪的人和事，大加赞赏，让对方在充满成就感、满足感的状态下得到极大的抚慰，从而化解怨恨，走出低谷。例如：

某村的党支部书记田富贵为了改变家乡贫穷落后的面貌，带领村民拦河筑坝。这项工程需要部分村民动迁，其他村民都按期搬了家，只有80多岁的金老太太死活不搬，去劝的人都被她用拐杖赶出来了。田书记只能自己去劝说。

"您老人家知道，村里打堤坝，是为全村人谋福利。记得金老爹在的时候，他就总教育我们这些后辈，要为众乡亲谋福利。他老人家一生一世，为乡邻谋了多少福呀！村里上下老小，哪个不说他的好话？记得小时候，我们穷人家娃娃上不了学，金老爹就一分钱也不收，义务办学，现在想起来都感动得流泪呢……现在我们炸山打坝，正是像金老爹教育我们的，为众乡邻谋福哩！您老人家在气头上，动了悲伤，后人们完全谅解。我知道，您老人家知书达理，一旦消了气，就会顾全大局，为全村乡亲着想……"

这里田书记找准了令金老太太欣慰和自豪的话题——她的丈夫金老爹，让金老太太在人们对金老爹的崇敬声中得到极大的安慰，进而给金老太太戴上了"高帽"——"知书达理""顾全大局"。金老太太的心灵得到进一步的抚慰，田书记的劝说也就水到渠成了。

五、求同法

在交往中碰到固执的人，直接指责往往达不到劝说的目的。众口一词都反对他，容易使他产生逆反心理。为了达到劝说的目的，不妨找出彼此的共同点，与之拉近距离，然后再因势利导，晓之以理，劝说才容易成功。例如：

由于山体滑坡，一辆客车被堵在路上，四个小时过去了，车上的乘客烦躁不安。这时一个小伙子拿出一支笛子，旁若无人地吹了起来。也许是初学的缘故，吹的曲调特别难听。很多人都不客气地斥责他，他吹得更起劲了，有些乘客只好把耳朵堵上。

一位年龄稍长的老伯说话了："小伙子，笛子吹得真不错，我也学了几年，可是跟你比起来可真是差远了。"小伙子一脸自豪地说："我刚学了几天。"老伯很吃惊的样子："哇，刚学几天就吹得这么好，真不简单呀！"

于是他们开始谈起笛子来。老伯问："你说笛子什么时候吹更能入境？"小伙子说："我觉得皓月当空的时候，最有感觉了。"老伯因势利导地说："皓月当空的时候，悠扬的笛声和恬静的月光融为一体，悠扬中有一种恬静的美，恬静中包含着生机。你看，现在这么狭小的空间，吹出的笛声让人感觉不到悠扬动听，反而使人产生吹不好的错觉，你说是不是？"小伙子十分赞同，说："说的也是，不吹了！"于是，收起了笛子。

劝说的老伯首先搭话赞扬了小伙子几句，并且说自己也学了几年笛子，让小伙子有寻找到知音的感觉。在交谈起来以后，老伯因势利导，晓之以理，最后小伙子心甘情愿地收起笛子。

六、循序渐进法

循序渐进法是指根据人们认识事物的规律，结合对方的脾性、文化修养等具体情况，或由表及里或由近及远，或由此及彼，或由小到大，或由浅入深，一步步进行解说、诱导、劝说，一层层消除对方思想上存在的疑虑，最后达到使其认识事物的真相、接受对方观点的目的。此法适用于说服不明真相、盲从或处理问题疑虑重重、举棋不定的人。

案例赏析

艾柯卡是美国汽车史上的奇迹人物。他曾由于功劳太大，而遭到了福特公司的老板小福特的猜忌。小福特想尽办法让他退休。这时，克莱斯勒公司正面临破产，急需艾柯卡这样的能人。于是，克莱斯勒公司的说客对艾柯卡说："艾柯卡先生，我们知道您为福特公司做了不少的努力，是福特公司的功臣。您使福特公司成为在美国仅次于通用汽车公司的第二大汽车公司，然而您的成就却引来了小福特的嫉妒。"

然后，说客接着说："您主持设计的新型汽车如果能够问世，极有可能使福特与通用并驾齐驱，却遭到小福特的无端反对。"说客的这番话再次戳痛了艾柯卡的心。说客继续说："我们克莱斯勒公司的老板非常敬重您的经验和智慧。他任人唯贤，不像小福特那样嫉贤妒能。如果您能到我们公司来，必定会做出更好的成绩，让小福特后悔去吧。"

艾柯卡陷入了沉思之中。说客见艾柯卡似乎动心了，便接着说道："您到我们公司做董事长兼总经理，虽然没有您在福特公司拿的退休金多，但是，把我们这样一个面临危机的大企业搞活，并带来效益，这是一个壮举啊！如果您能够迎接挑战，克莱斯勒乃至整个汽车界都不会忘记您的。"

最终，艾柯卡被说动了，辞职去了克莱斯勒公司，并拯救了濒临破产的克莱斯勒公司，使之成为美国第二大汽车公司，成就了一段奇迹。

在以上案例中，克莱斯勒公司的说客为了说服艾柯卡，采取了循序渐进的方法。说客先是点明了艾柯卡的现状，激起了他对福特公司的"卸磨杀驴"行为的回忆，使其沉浸于愤怒的情绪中。接着，说客从"害"的一面点明了艾柯卡留在福特公司的结果，即"主持设计的新型汽车将继续遭到小福特的无端反对"，然后从"利"的一面诱导艾柯卡，点明艾柯卡加入克莱斯勒公司"必定会做出更好的成绩"。如此将"利害关系"分析明白，这无疑让极其注重个人成就的艾柯卡有所心动。接着，说客再一次说明艾柯卡加入克莱斯勒公司的有利一面，即把一个面临危机的大企业搞活是一个壮举，这样再次强化了艾柯卡投奔克莱斯勒公司的决心，从而达到了最终目的。

七、刚柔并济法

有时规劝对象情况复杂，既有合理诉求的因素又有无理取闹的成分。对这种人的规劝既要讲硬话又要讲软话，既"打"又"抚"，两者相辅相成，才能达到说服的目的。例如：

某百货公司与某电脑厂商签订了购货合同，定于三个月内交货。但一个月后，该厂商见电脑价格大大提高，就想撕毁合同，将货高价卖出。这家百货公司立即派代表前来交涉，力争让对方履行合同。

百货公司代表说："这次和贵厂打交道，我们是慕名前来的。三年前，不少公司就向我们提起贵厂，说贵厂经营有术，管理有方，产品品质优良，讲究信誉。在我们打交道的两年中，我们深刻地体会到了这些。这次我方向贵厂订购的货物,是与另一家大百货公司合作经营的。如若我们不能按期供货给对方,也许到时候就要劳驾贵厂出面为我方解释一下。我们的困难,想必你们是可以理解的。另外,我们是老朋友了,过去打了交道,将来还要合作,何况我们公司的分店正在逐渐增加呢!这次,我们双方虽然有一点风波,但我们是能够理解的。贵厂做事一向谨慎,若中断了我们之间的关系,其他新旧客户也就不得不三思而行了,他们是不是会觉得你们不讲信用,难以合作,甚至与你们中断业务往来呢?那样,贵厂就得不偿失了……"

百货公司的代表较好地运用了刚柔并济的劝服技巧,使电脑厂商改变了主意。针对电脑厂商见利忘义这一点,百货公司代表在劝服时,紧紧围绕终止合同将带来的"害"和履行合同将带来的"利"进行。绵里藏针,不卑不亢,既维护了对方的尊严,又让对方意识到撕毁合同的后果。

知识拓展

以出师表为例分析劝服的技巧

出师表劝谏的技巧是动之以情,导之以行,晓之以理,明确目标,践行责任。首先指出现在的困境是危急存亡之秋,再回顾先帝创业的艰难,又指出目标是兴复汉室,还于旧都,重振大汉昔日的辉煌。劝谏刘禅深追先帝遗诏,劝群臣明确职责,做到赏罚分明。

文章前半部分议论分析天下形势,提出了三条建议;后半部分叙述自己的身世,表达效忠刘氏父子的忠心和北定中原的决心。字里行间充满对蜀汉的一片忠心,并层层深入,举出很多例子。

诸葛亮在文中以恳切的言辞劝说"后主"刘禅要继承先帝遗志,广开言路,严明赏罚,亲贤远佞,以修明政治,完成"兴复汉室"的大业;也表达了亲贤臣,远小人,此先汉所以兴隆也;亲小人,远贤臣,此后汉所以倾颓也。这是以史为鉴,陈明利害。

本资料由作者根据相关资料改写

中华礼仪知识链接

鲁肃劝孙权抗曹,深谙说服之道

曹操领八十万大军攻打东吴,东吴多数大臣主张投降。鲁肃是主战派,历史上的鲁肃是给孙权做了东吴版的隆中对的。鲁肃给孙权谋划的是灭荆州刘表和西川刘璋,再和曹操划江而治,然后徐图帝业,这样的谋略家、军事家怎么可能叫主子投降曹操呢?鲁肃力劝孙权与曹操决一死战。孙权问鲁肃:"子敬刚才为何不语?"鲁肃说:"有些话我不能当着张略他们说,张略可以投降,甚至臣可以投降,我们投降之后还可以读书种地谋个一官半职,而主公您投降了再想有今天的地位那就真的是痴人说梦了。"孙权眉目紧蹙,鲁肃继续说:"您想想如果您降曹,曹操会把您怎么样呢?曹操在朝廷用黄金打造了一个笼子,里面关了两只鸟(指天子和刘琮),您再去,是不是就太挤了?!"此言一出,孙权大惊,拉着鲁肃的手激动得热泪盈眶:"天赐子敬与我也!"孙权最终采纳鲁肃的建议,联合刘备一起对抗曹操大军,取得了赤壁之战的胜利,从此三分天下,成就一代霸业。

项目小结

危机处理是科学,也是艺术。它既要建立规范的组织和流程,也要因时因地而变。危机处理的最高境界是防患于未然,化危机于无形。生活中的每个人都必须清楚,所有的行为时刻都处于危机之中,必须把生活中潜在的危机规避到最小,所以我们都应"居安思危"。

复习思考

1.倾听的技巧有哪些?

2.生活中,我们怎样委婉地拒绝他人?

3.当你和对方意见有分歧时,怎样劝服他人?

实操训练

1.任选一部小说或文集,按序号逐一要求听读。教师慢读3~5行文字(初始训练阶段以3行为宜,对优秀者可增至5行及以上),连读3遍后,请被试者起立,复述全部文字内容。听读时不得记录。为使这种需高度集中注意力的活动发挥最高的水平,未轮训者可在教室里看书、写信或做其他事,但不得出声、走动影响被试者。

2.一名同学考入大学后,觉得可以完全放松了,整天吃喝玩乐不学习,作为他的好朋友,请你去劝劝他。

# 参考文献

［1］金正昆.服务礼仪［M］.北京:北京联合出版公司,2013.

［2］纪亚飞.新时代服务礼仪［M］.北京:中国纺织出版社有限公司,2023.

［3］张清影,吴艺梅,廉晓利.旅游服务礼仪［M］.武汉:华中科技大学出版社,2023.

［4］王淑华,孙岚,温蓝.服务礼仪［M］.2 版.北京:首都经济贸易大学出版社,2022.

［5］靳斓.服务礼仪与服务技巧［M］.3 版.北京:中国经济出版社,2018.

［6］靳斓.营销人员商务礼仪与沟通技巧［M］.2 版.北京:中国经济出版社,2018.

［7］徐珍,林剑伟.商务礼仪与沟通技巧［M］.北京:电子工业出版社,2016.

［8］阮喜珍,张明勇,从静.商务礼仪与沟通技巧:慕课版［M］.武汉:华中科技大学出版社,2022.

［9］方晓静.民航服务沟通艺术［M］.北京:清华大学出版社,2022.

［10］叶小鱼.职场沟通技巧［M］.北京:人民邮电出版社,2023.

［11］雷雨,陶娟.老年服务礼仪与沟通技巧［M］.北京:北京理工大学出版社,2021.

［12］张艳霞,吴开凤,张冬梅.护士服务礼仪与沟通技巧［M］.北京:军事医学科学出版社,2009.

［13］刘茜,邵照国.家政服务礼仪与沟通［M］.北京:北京理工大学出版社,2023.

［14］张岩松.高铁客运服务礼仪与沟通［M］.北京:北京交通大学出版社,2022.

［15］钱志芳.礼仪与沟通［M］.北京:中国人民大学出版社,2022.

［16］唐长菁,伍燕.现代礼仪与沟通［M］.西安:西安电子科技大学出版社,2016.

［17］杨珩,尹彬.职场礼仪与沟通［M］.北京:机械工业出版社,2022.

［18］甘敏军.礼仪与沟通［M］.北京:清华大学出版社,2012.

［19］孔春花.礼仪与沟通［M］.北京:人民交通出版社,2019.

［20］张舫,伍娜.礼仪与沟通［M］.重庆:重庆大学出版社,2016.

［21］李红霞.礼仪与沟通［M］.大连:东北财经大学出版社,2016.

［22］张岩松.社交礼仪与沟通技巧［M］.北京:清华大学出版社,2020.